하나님의 호흡

Original Breath
by Larry Randolph

Copyright ⓒ 2009 by Larry Randolph

Published by Larry Randolph Ministries
PO Box 682965
Franklin, TN 37068

Korean translation Copyright ⓒ 2004 by Pure Nard
2F 774-31, Yeoksam 2dong, Gangnam-gu, Seoul, Korea

This Korean edition is Published by arrangement with Larry Randolph Ministries

본 저작물의 한국어판 저작권은 Larry Randolph Ministries와의 독점 계약으로 한국어 판권은 '순전한 나드' 가 소유합니다. 저작권자의 허락 없이 이 책의 일부 또는 전체를 무단 복제, 전재, 발췌하면 저작권법에 의해 처벌을 받습니다.

하나님의 호흡

초판발행 | 2012년 6월 10일

지은이 | 래리 랜돌프
옮긴이 | 채슬기

펴낸이 | 허철
편집 | 윤지영
디자인 | 이보다나(표지), 오순영(내지)
인쇄소 | 영진문원

펴낸곳 | 도서출판 순전한 나드
등록번호 | 제2010-000128
주소 | 서울 강남구 역삼2동 774-31 2층
도서문의 | 02) 574-6702 / 010-6214-9129
편집실 | 02) 574-9702
팩스 | 02) 574-9704
홈페이지 | www.purenard.co.kr

Printed in Korea

ISBN 978-89-6237-119-2   03230

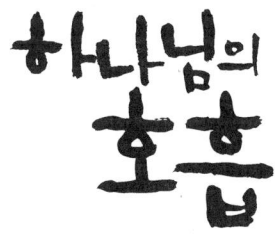

래리 랜돌프 지음

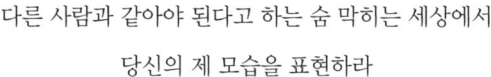

다른 사람과 같아야 된다고 하는 숨 막히는 세상에서

당신의 제 모습을 표현하라

| 감사의 글

홀리 기어쉬씨께 많은 감사를 드립니다. 친절하고도 끈기 있는 도전으로 제가 많은 문제들을 명확하게 생각할 수 있도록 해 주셨고, 본서를 더욱 귀하게 만드셨습니다. 또한 편집기술과 인내심에도 감사를 드립니다. 정말 하나님이 보내주신 분이고 본서에 기여해 주신 것들을 다 헤아릴 수가 없습니다.

또한 제 마음에 다이애나 우드씨께도 감사가 넘칩니다. 원고를 마지막까지 잘 다듬어 주신 데에 큰 감사를 드립니다. 창의적인 아이디어와 다른 여러 가지 사려 깊은 제안에 깊이 감사를 드립니다. 이 프로젝트를 완성하기까지 열심히 밀어주신 일 감동이 되었습니다. 참으로 큰 축복이 아닐 수 없었습니다. 또 끝까지 도와주신 데이빗 슐루카씨께도 감사를 드립니다.

또한 제 아내 로라에게도 큰 감사를 드립니다. 아내는 제게 진정한 것의 가치를 보여 주었기 때문입니다. 독창성을 향한 열정과 가짜와 모조를 알아보는 남다른 능력이 참 신선합니다. 특별히 창조된 그녀의 독특한 모습이 되고자 하는 열정이 내게 영감을 주곤

합니다. 놀라우리만치 독창적인 그녀의 삶은 하나님이 주신 진정한 선물입니다. 나를 믿어주고 나 자신을 글로 나타내도록 격려해 준 것에 감사합니다.

   그 누구보다도 최초의 예술가이자 다양함의 건축자이신 창조주 하나님께 깊은 감사를 올립니다. 우주 가운데 펼치신 광대한 만물을 바라보면서, 저는 주님의 창의성을 더욱 깊이 깨닫습니다. 삶과 종교 안에 있는 모조품에 불만족한 생각을 제 마음에 넣어 주시니 감사드립니다. 제 안에 진정함에 대한 갈망을 불러 일으켜 주셔서 제 자신이 되라고 용기를 주시니 말입니다. 이 자유로 인해 참 감사를 드립니다.

| 목차

머리말 … 10

제1부
천지만물 중 하나님의 천재성을 인식하라

제1장 최대의 다양성 … 21
제2장 이 세상에 하나밖에 없는 존재 … 31
제3장 하나님의 영상 … 45

제2부
내 존재 안에 있는 하나님의 독특함을 발견하라

제4장 하나님의 포옹 … 59
제5장 진정한 존재 … 73
제6장 진정한 목소리 … 87
제7장 진정한 은사 발휘 … 99

제3부

압박과 실패를 직면하라

제8장 압박 뚫고 나가기 … 115
제9장 실수의 최대 활용법 … 129
제10장 실패 가운데의 소망 … 139
제11장 내일을 창조하기 … 151

제4부

내 인생을 향한 하나님의 목적과 그 힘을 부여잡으라

제12장 내 인생을 향한 하나님의 목적을 발견하라 … 169
제13장 운명의 조화를 이루기 … 185
제14장 마지막 탐색 … 199

| 머리말

    인간 존재의 가장 놀라운 면 중 하나는 개성이라는 선물이다. 우리는 모두 창조주 하나님의 독특한 예술품이며, 그분의 지적 설계로 만들어진 그분의 자녀이다. 이 말은 하나님께서 우리 존재를 예정하셨으며 우리의 개성은 그분이 의도하신대로 생긴 결과라는 뜻이다. 우리의 전 존재는 고유한 예술 작품이며 놀랍기 그지없는 것이다.
    문제는 우리들 대부분이 자신의 희귀한 존재가치를 인정하지도 않고, 오늘날 지구상의 65억 인구와는 다른 나 자신의 독특함을 믿지도 않는다는 것이다. 우리는 독특한 창조의 작품으로 태어났는데, 많은 이들은 복제품에 불과한 인생을 살다가 죽는다는 것이 비극이다. 아일랜드의 저자 오스카 와일드(Oscar Wilde)는 이렇게 잘 표현했다. "대부분의 사람들은 자신이 아닌 타인의 삶을 살고 있다. 그들의 생각은 다른 사람들의 의견과 같고 그들의 인생은 다른 사람들을 흉내 낸 것에 불과하며 그들의 열정은 남이 한 말을 따라 하는 인용문에 불과하다."

오늘날 세상에 만연한 획일화의 전염병을 없애기 위해서 우리는 어떻게 할 수 있을까? 어떻게 하면 우리의 진정한 실재를 찾고 하나님께서 지으신 독특한 나 자신이 될 것인가?

우선 우리는 어떤 누구와도 같지 않은 생명을 가진 피조물로서 살아야만 한다. 이 말은 흉내 내는 인생을 살고자 하는 유혹에 저항하며 진정한 자신의 모습을 찾지 못하게 하는 압박으로부터 벗어나야만 한다는 뜻이다. 이것을 실천하기란 말처럼 쉽지가 않다. 하지만 평범함을 넘어선 인생을 살기 위해 우리는 진정한 것, 진짜가 얼마나 중요한지 그 가치를 깨달아야 한다. 우리는 감히 다를 줄 알아야 하고 더 중요한 것은 하나님께서 주신 개성을 아낌없이 발휘하는 것을 배워야만 한다. 간단히 말해서 우리는 우리의 놀라운 존재를 부여잡고 하나님께서 창조하신 우리의 모습이 되기 위해 최선을 다해야만 한다.

허용의 필요

자기 자신이 되고자 열망하는 그 사람이 결코 되지 못하는 경우가 세상에는 수두룩하다. 실패에 대한 불합리한 두려움 때문에 진정한 자신을 탐구하지 못하는 사람들이 너무 많은 것은 참으로 비극이다. 그들은 자신에 대한 의심에 갇힌 채, 안전한 것만을 추구하고 자신의 안전지대를 깨고 나오기를 꺼려하며 위험부담을 지지 않으려 한다. 열등감 때문에 하나님께서 자신의 인생을 향해 원하시는 삶을 살고 싶은 마음을 현실화하지 못하고 공상속의 삶에 그치고 만다.

이렇게 큰 충격적인 사실을 생각하면서 나는 이 책의 주제를 묵상하는데 많은 시간을 보냈다. 사람들이 자신의 잠재된 가능성을 깨닫도록 동기 부여할 수 있는 시원한 답을 주는 것이 얼마나 중요한지 잘 알고 있었다. 하나님이 주신 목적을 달성할 수 있도록 사람들을 돕기 위해서는, 복잡하지 않으면서도 강력하게 삶을 변화시킬 만한 적용을 위한 깨달음을 줄 수 있어야 했다.

그때 이런 생각이 들었다. 인간은 허용이 필요하다! 승인, 인정에 대한 필요는 우리 본성에 근본적으로 존재한다. 가령 아이가 태어나면 처음 숨을 들이쉬도록 해야만 한다. 그 다음에 조금씩 기어 다니게 되면 처음 걸음마를 할 수 있도록 해 줘야 하며, 계속 넘어져도 걸을 수 있도록 북돋아 줘야 한다. 그 다음에는 걸어가면서 말하는 것을 배우고, 밥을 다 먹고 나면 자리를 일어나도 되는지 허락을 받는 것을 배우며, 수업 시간에 무슨 말을 하려면 손을 들어야 한다고 배운다. 어른이 되면서 우리는 이성 친구를 사귈 때 부모님에게 허락을 먼저 받도록 하며 결혼에도 승낙이 있어야 한다고 배운다.

허락의 힘은 또한 우리 각자의 인생 가운데 하나님의 뜻을 발견해 나가는 중에도 큰 힘으로 작용한다. 이렇게 작용하는 힘들이 우리 삶에 미치는 긍정적인 영향력 때문에 우리 모두는 하나님께서 우리를 창조하실 때 의도하셨던 사람들이 되도록 격려 받아야 한다. 우리 자신의 독특한 존재를 부여잡도록 허락을 받아야 할 뿐 아니라, 죄책감이나 수치심 없이 하나님께서 주신 독특함을 그대로 표출할 수 있도록 격려 받아야 한다. 진정으로 달라도 괜찮다고, 우리가 호흡하도록 창조된 삶을 "호흡"하며 진정한 자신이 되어도 괜찮다는 소리를 정말 누군가가 해줘야만 한다. 그렇지 않으면 우리의 독특한 개성을 억누르며 하나님께서 의도하신 인생과 다른 삶을 사는 위험을 겪게 되기 때문이다.

허용의 힘

최근 노스 캐롤라이나에서 세미나를 하는 중에 나는 이 문제를 거론하고자 하는 마음이 들었다. 자신의 진짜 모습으로 살아가는 것에 대해서 해외 여러 나라에서 온 청중들에게 메시지를 전하게 되었는데, 그 중 주요 개념을 이 책에 언급했다. 그리고 마지막 날 밤에는 큰 도전으로 메시지를 마무리 했다. 거기 있던 모든 사람들에게 자신의 소망과 꿈, 그리고 하나님께서 나를 어떤 사람이 되도록, 무엇을 하도록 만드셨다고 생각하는지에 대해서 나누라고 도전했다. 나는 그들에게 자신의 마음속에 있는 소원을 밖으로 표현하고 나누면 내가 영적인 아비로서 그 열정을 추구하도록 허용해 주겠노라고 했다.

그들은 한 명씩 자신의 마음속 깊은 곳에 있는 소원을 나누기 시작했다. 각 사람에게 나는 말로써 인정해 주었고 나머지 사람들은 박수로 격려해 주었다. 한 가정주부는 아티스트가 되는 것이 그녀의 평생소원이라고 했다. 어떤 여인은 고아원을 시작하는 것이 자신의 꿈이라고 했다. 재미있게도 어떤 사업가들은 영적인 사역에 대한 깊은 갈망이 있었고, 여러 목사님들은 사업계에서 일하는 것이 솔직한 소원이라고 했다. 어떤 이들은 연기를 하고, 음악을 하며, 책을 쓰고, 조각을 하며, 목회를 하고, 찬양을 인도하며 그 외에 수많은 전문가나 개발되지 않은 재능을 표현하고 싶은 숨겨진 마음을 고백했다. 모임이 끝나고 나서 많은 이들의 눈에는 소망이 비치는 듯했고 받은 허락으로 말미암아 마침내 자신의 흥분된 꿈을 추구하도록 스스로를 용납하고 있음을 느꼈다.

내 목표를 달성했다고 생각하면서 나는 빨리 짐을 챙겨서 스낵과 커피를 들고 위층 내 방으로 올라갔다. 모임 후 아무도 나를 따라 오지 않았기 때문에 혼자 몇 분간 그렇게 쉬고 있었다. 그런데 갑자기 웃음소리와 함께 노래 소리가 위층으로 올라오는 것을 들었다. 마치 무슨 파티가 한창 벌어지는 소리 같았다.

그 때 내 친구 여러 명이 뛰어 올라와서 내가 이미 감 잡았던 것을 말해 주었다. 잘 정돈되었던 모임이 왁자지껄하고 기쁨에 넘치는 축제로 변해서 더 이상 통제할 수 없을 지경이 된 것이었다. 평소에 사람들이 많은 데서는 조용한 우리 와이프 로라(Laura)가 온 방을 돌아다니며 즐겁게 춤을 추고 있다는 것이다. 그리고 이전에 내 조수 역할을 해 주었던 홀리(Holly)와 여러 다른 여인들은 흥분 속에 환호하며 원을 그리고 춤을 추고 있다는 것이었다. "빨리 모임에 다시 와야겠어. 다들 미친 것 같아."

너무나 궁금해진 나는 제정신이 아닌 이 장면을 보러 아래층으로 달려 내려갔다. 놀랍게도 음향효과 담당자가 피아노를 치고 있었고 조용하던 젊은 영국인이 봉고를 두드리고 있었다. 또 놀랜 것은 여러 한국 목사님들과 사업가들이 마치 복권에 당첨이나 된 듯 열정적으로 춤을 추고 있었다. 제일 재미있었던 것은 세미나 내내 그렇게도 조용하던 노르웨이 남자가 기쁨에 도취되어 자신을 억제하지 못하고 계속 웃고 있었다. 게다가 더 황당했던 것은, 꽤 보수적이던 여인이 마이크를 잡고 완벽한 리듬과 운율로 랩을 하기 시작하는 바람에 다들 까무러치는 줄 알았다.

그날 밤 모든 이들의 얼굴에 나타난 열정의 표정을 내 평생 잊지 못할 것이다. 많은 사람들이 자기 속의 금지된 선을 자유로이 넘어 창의적인 표현으로 충만하게 되었다. 긍정을 해 주자 사람들은 기대하는 분위기 속에 자신이 항상 되기 원했던 사람이 되고자 하는 희망으로 가득하게 되었다. 물론 이들이 각자 일상으로 돌아가면 이 흥분됨이 가라앉게 될 것을 나는 알았다. 그래도 이것이 그들에게 진정한 자신을 발견하는 여행의 시작점이 될 수 있다는 것을 어렴풋이 알았다. 일상을 넘어선 인생을 살아갈 수 있도록 해 주었기 때문이다.

허용을 받다!

그날 밤 깊은 인상을 받은 나는 자신의 독특한 개성을 표현하는 것에 대해 불안해하는 사람들에게 허용의 힘을 실어 주고자 하는 소원함에 불이 붙었다. 창조주 하나님은 인정되고 지지받아야 하는 특별한 존재를 우리 안에 두셨다. 우리는 우리 자신의 모습대로 살아갈 수 있도록 허용 받는 일이 절실하게 필요하다. 심지어는 이 세상의 사람들과 너무나 다르다 할지라도 말이다.

내 인생은 내가 독창적이고자 하는 만큼만 빼어날 수 있다는 것을 명심하라. 이것이 본서의 목적이다. 하나님께서 당신의 인생 가운데 의도하신 사람이 마침내 될 수 있도록 당신에게 허용해 드리기 원한다. 감히 다른 사람들과 다르라고 격려해 드리고 싶다. 절대로 내 안의 나가 되고자 하는 마음을 억제하지 말라. 당신과 같은 사람은 어디에서도 찾을 수 없으며, 특별한 인간으로서 당신의 인생을 만들어갈 가능성이 자신에게 있다. 사실 진정한 인생을 찾기 위한 당신의 여행은 자신의 독특한 개성을 부여잡을 수 있도록 격려를 받는 순간 시작된다.

하지만 하나님께서 주신 독특함을 온전히 인식하기 위해서는 당신을 만드신 분의 창조적인 천재성을 이해하는 것이 중요하다. 처음 몇 장에서 보게 되는 것처럼, 인류와 우주 가운데 볼 수 있는 광대한 다양성은 우연이 아니다. 하나님께서는 피조물 구석구석마다 독특함을 불어 넣으시고 피조물 전체를 계획하신 것이다. 그래서 놀라운 것은 나의 독특함은 그만큼 보통을 훨씬 넘어서게 해 주는 하나님의 선물이라는 사실이다.

Original Breath

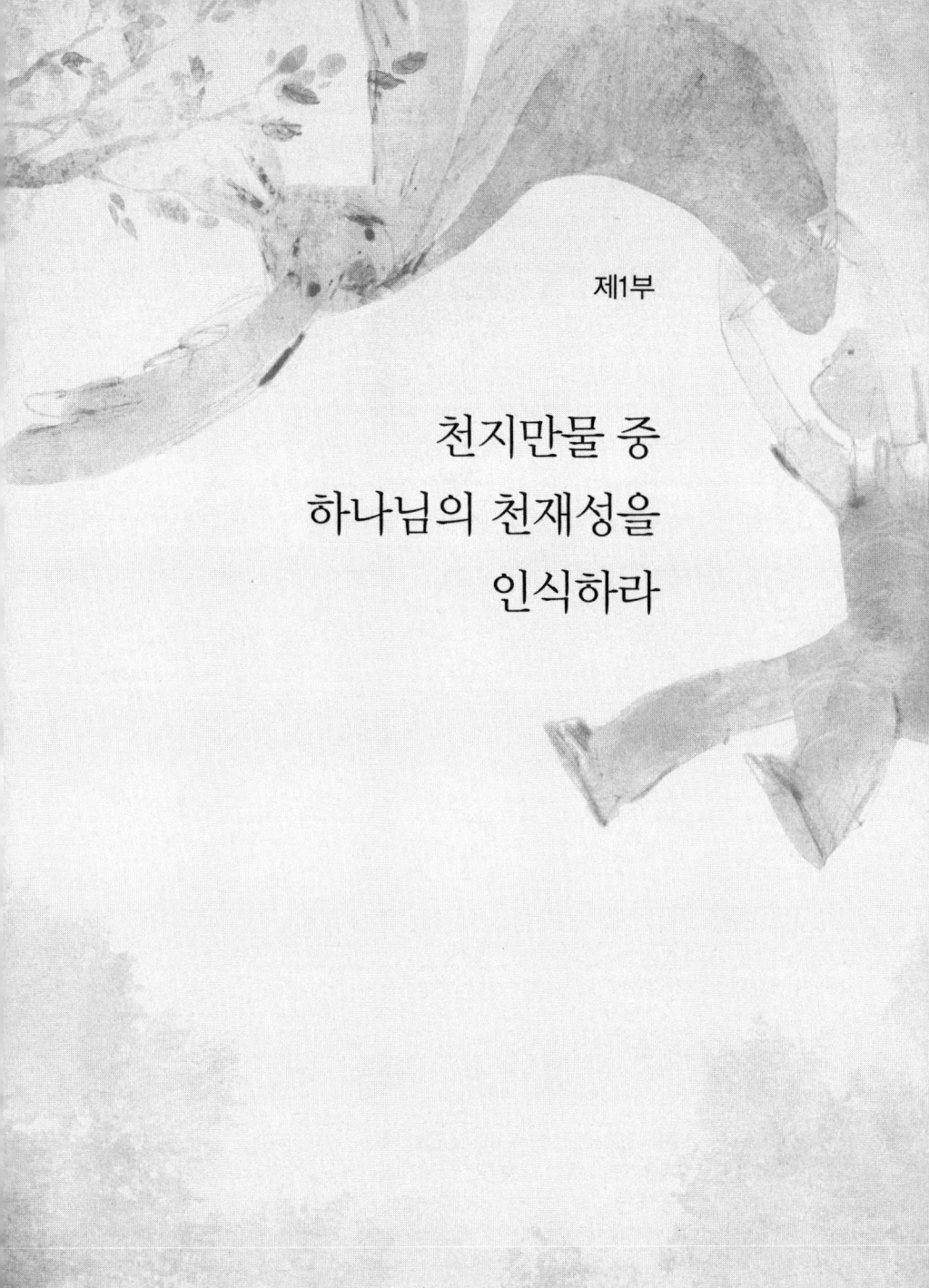

제1부

천지만물 중
하나님의 천재성을
인식하라

Original Breath

제1장

최대의 다양성

"우주의 모든 생물과 먼지 티끌의 공통점이 있다면 둘 다 다양하다는 점이다."

_래리 랜돌프

생명과 우주에 대한 호기심이라는 미묘한 하나님의 음성을 통해 하나님은 우리를 그분께로 인도하신다.

사역자 가정에서 성장하면서 나는 어렸을 때 이것이 참 사실임을 알고 있었다. 밤마다 집 뒤뜰로 담요를 끌고 나가 하나님이 주시는 사인을 천체에서 찾으려 했다. 매번 땅에 누워 밤하늘 별들을 몇 시간 동안 바라보면서, 우주의 신비한 작용을 생각하곤 했다.

하나님과 같은 놀라운 창조주를 내가 어떻게 이해할 수 있을까? 그분은 누구이실까? 그분은 왜 나를 만드셨을까? 이 땅에 내가 존재하는 이유는 무엇일까?

천국에서 들려오는 음성을 귀로 들은 적은 한 번도 없지만 눈앞에 펼쳐지는 별들의 장관은 큰 위로가 되었다. 어떤 때는, 희미하게 반짝이던 한 별이 나의 호기심을 알아차리고 내 심장의 고동 소리에 맞추어 반짝였다. 하나님의 사랑이 더 필요한 날은, 별똥별이 하늘을 가로지르며 떨어졌다. 마치 하나님께서 멀리서 나를 지켜보고 계신 것을 말해 주는 듯했다.

부모님이 나를 잠자리에 들게 한 후, 밤이 깊어지면 내 생각은 멈추지 않고 새벽까지 깊어졌다. 이불 속에서 말똥말똥 깬 상태로, 나는 작은 두뇌를 이용하여 처음도 없고 끝도 없으신 하나님을 생각했다. 그날 저녁, 내가 다 세어보려 했던 그 수많은 별들을 창조한 하나님을 이해하려고 애썼다. 마침내 지친 몸이 잠들었을 때는 나의 운명, 나의 인생, 영원에 대한 어리둥절한 꿈으로 빠져 들어가곤 했다.

최고의 아티스트

어린 시절이 지나가고 수십 년이 흘렀지만 나는 여전히 하나님과 생명의 신비에 사로잡혀 있다. 가끔 나는 별이 가득한 밤하늘을 보러 나가서 천국에서 들려오는 속삭임을 듣고 싶어 한다. 이전보다 더욱 나는 하나님을 발견하려 애쓰며, 인간 존재의 의미를 찾으려 노력하고 있다. 이것이 내 남은 평생 걸린다 해도 말이다.

이 탐구여행에는 도전이 될만한 어려운 점들이 많다. 창조주 하나님과 그분의 독특한 피조물에 대해서 더 배울수록, 나는 정말 조금밖에 모른다는 느낌을 더욱더 받게 된다. 거대한 산을 올라갈수록 아직도 가야할 길이 얼마나 많이 남았는지 발견하는 느낌과 같다. 정상에 더 가까이 갈수록 내가 도착할 것을 인내심으로 기다리시는 놀라운 하나님에 대한 경외감에 사로잡히는 것이다.

이 하나님은 누구신가? 그리고 하나님은 그분의 피조물에게 어떻게 관계하시는가?

나도 인정하는 바이지만 이 질문을 풀어가기에 내가 제일 적절한 사람은 아닐 것이다. 어쩌면 이렇게 쉽지 않은 문제에 대해서 말하려면 누군가 대단한 신학 훈련을 받은 사람이거나 아니면 나보다는 하나님과 더 오랜 시간을 가진 사람이어야 할 것이다. 그리고 설령 내가 지구상에서 가장 표현력이 있는 사람이라고 해도, 하나님의 창조적인 천재성을 티끌만큼만 정의하는 데도 가늠할 수 없는 영원이 걸릴 것이다.

> 하나님의 창조적인 천재성을 티끌만큼만 정의하는 데도 가늠할 수 없는 영원이 걸릴 것이다.

나는 창조주 하나님이 정말 너무나도 창의력이 풍성하시며 신비할 정도로 복잡하시다는 것을 발견했다. 성경에 의하면 그분의 존재는 시작도 없고 끝도 없다. 하나님은 시간과 공간의 경계선이 없는 영원의 차원에 사신다. 요한계시록은 이 전능하신 하나님을 "이전에도 계셨고, 지금도 계시며, 장차 오실 분"으로 신비하게 묘사한다.

이와 같은 신비의 구름은 하나님의 성품이나 본성에 있어서도 마찬가지다. 사실, 그분의 성격은 너무나 독특해서 히브리어로 된

구약에서는 하나님 자신을 묘사하는데 수많은 이름과 타이틀을 사용하셨다. 하지만 모세가 출애굽기 3장에서 하나님의 정체성과 씨름할 때, 하나님 자신을 정의한 많은 하나님의 이름들은 간단하면서도 심오하여 성경 신학자들도 수세기 동안 고투했다. 주님은 이 당황한 선지자에게 하나님의 이름은 단순히 "나는 스스로 존재하는 자"라고 했다.

더 당황스러운 것은 인간의 이성에 도전하는 하나님의 여러 가지 다른 성격들이다. 하나님의 마음을 보면 그분의 자비심은 한이 없다. 시편기자 다윗은 주님의 위엄과 광채가 끝없고 그분의 인자하심은 영원하여 모든 세대에 달한다고 했다. 이 말은 그분의 선하심이 그분의 주권만큼이나 크시다는 뜻이다. 내 친구 그래함 쿡(Graham Cooke)은 하나님을 "내가 이제까지 만난 중에 가장 친절하신 분"이라고 묘사한다.

하나님의 위대함에 대한 또 다른 놀라운 면은 그분의 열정적인 창조이다. 창세기 1장에 보면 하나님은 이것을 온 인류에 쏟아 부으셨다. 그분의 붓이 터치하는 곳마다, 창조주 하나님은 그분의 놀라운 창의성을 인간의 생명이라는 캔버스 위에 부으셨다. 아담과 이브를 그분의 형상으로 만드시면서 말이다. 그런 후, 이 독특한 피조물에 생기를 불어 넣으시자 이 작품은 아티스트 하나님의 생명을 받아, 창조주 하나님의 가장 깊은 존재를 반영해 주는 살아있는 생명체가 되었다. 창조적인 재주를 놀랍게 나타내시며 하나님은 자신을 인류의 선조들에게 온전히 투자하셨고 하나님의 숨결과 인격을 전달하게 하셨다.

다양성을 좋아하시는 건축가 하나님

하나님의 천재성 중 또 한 가지 놀라운 특성은 온 우주에 나타난 그분의 다양한 창조성이다. 인류가 창조되기 전에는, 전능하신 하나님이 독특한 우주를 혼자서 다스리셨다. 창세기에 보면 하나님은 다양성을 좋아하시는 건축가이시며 관리하시는 분으로, 그분의 피조물이 가진 독특한 특성을 지키기 위해서 자연의 법칙을 정하셨다.

위대한 알베르트 아인슈타인(Albert Einstein)은 온 우주에 걸친 하나님의 다양성에 대해서 1929년 10월 26일 〈Saturday Evening Post〉지에 다음과 같은 글을 썼다.

"나는 무신론자가 아니며, 범신론자도 아니다. 우리는 마치 여러 가지 다른 언어로 된 책들로 가득한 거대한 도서관에 들어가는 어린 아이와 같다. 아이는 누군가 이 책들을 기록했을 것이라는 사실을 안다. 하지만 어떻게 쓰여 졌는지 모른다. 책에 쓰인 언어들에 대해서도 전혀 이해가 없다. 이 아이는 책이 배열된 신비로운 순서에 대해서 어렴풋이 느끼지만, 그게 뭔지는 모른다. 이것은 마치 하나님을 대하는 가장 똑똑한 인간 존재의 모습과도 같다. 우리는 우주가 놀랍게 정렬되어 있고 특정 법칙을 따라 움직이는 것을 보지만 이 법칙을 희미하게만 이해할 뿐이다. 우리의 제한된 생각은 별자리를 움직이는 신비한 힘을 이해할 수 없다."

아인슈타인이 훌륭하게 지적한 바와 같이, 다양성은 우주의 근본적인 특성이며 독창적이고 복잡한 하나님의 아이디어이다. 에너지, 물질, 시간, 공간과 함께 우리 주변의 세계는 영광스러운 다양성의 조화 가운데 존재한다. 당신이 보는(혹은 보지 못하는) 모든 것은 우주에 나타난 다른 모든 것들과 전적으로 다른 것이다. 아무리 작은 것이라 해도 다 특징이 있어서 자신을 결코 반복하지 않는 창조주 하나님의 기발함을 잘 보여준다.

사실 유명한 영국의 물리학자 프리맨 다이슨(Freeman Dyson)은 우주가 "최대의 다양성"의 원칙에 따라 지어졌다고 했다. 다이슨은 자연의 법칙과 태초의 상태는 우주를 더욱 환상적으로 만들기 위한 것이라고 한다. 즉 하나님은 그분의 피조물을 가장 독특하게 지으시기 위해 대담한 조치를 취하신 것이다.

> 다양성은 우주의 근본적인 특성이며 독창적이고 복잡한 하나님의 아이디어이다.

현대 과학의 아버지 중 하나인, 프란시스 베이컨(Francis Bacon)과 같은 최초의 과학자들과 현대 철학의 선조 르네 데카르트(Rene Descartes) 또한 철저한 다양성의 개념을 다루었다. 이 두 사람 모두 우주의 팽창과 피조물의 다양성에 대한 그들의 견해로 16세기에 유명했다. 데카르트는 이렇게 말한 적이 있다.

"우주는 너무나 다양해서 어떤 사람이 우주에 대해서 아무 얘기나 해도 틀린 말은 없을 것이다."

어쩌면 이 말은 조금 과장된 것이지만 아인슈타인이나, 다이슨, 베이컨, 데카르트와 같은 위대한 사상가들은 피조물의 독특함을 존중해야 한다고 가르쳐 주었다. 이 땅에 있는 생명의 위대함이나 별의 광대한 배열, 은하계만 봐도 하나님은 창조력을 놀랍게 표현하시기로 작정하셨음을 알 수 있다. 더욱 놀라운 것은 창조주 하나님께서 다양성을 좋아하실 뿐 아니라, 자신을 "최대의 다양성"을 좋아하는 건축가로 나타내시기 위해 애쓰셨다는 점이다.

하나님의 사인

확실히 하나님의 필체는 광대한 우주 공간에 보인다. 대략 9천 4백만 광년에 걸친 우주의 광대함 가운데 똑같은 것은 없다. 온 우주는 천억 개의 은하계로 구성되어 있고 은하계 하나에는 거의 천억 개의 별이 있다. 우주에 펼쳐진 수조(兆)개의 사물 중 어떤 별이나, 행성, 혹은 작은 별 조각까지도 완전히 똑같은 것은 없다. 이것은 또한 천체 행성의 궤도나, 블랙홀의 밀도, 초신성(supernovas)의 원자력, 우주 가운데 오직 한 종류 밖에 없는 수많은 다른 이형을 봐도 그렇다.

또한 생물의 다양성(지구상의 모든 생명체)을 봐도 하나님의 천재성은 자명하다. 우리 지구상에만 존재하는 종류가 삼 천만 종이 넘는다. 여기에는 대략 9십만 종의 곤충과 4만천 종의 동물, 이십 오만 종의 식물이 포함된다. 그밖에는 무척추 동물과 곰팡이, 조류, 미생물이 있다. 놀랍게도 이 종들은 모두 독특하게 다양하며, 우주의 구성분자들과 같이, 하나도 똑같은 것이 없다.

또한 원자의 다양성에 대한 놀라운 영역도 있다. 이것 역시 하나님의 놀라운 창조성을 잘 보여준다. 인간의 눈에는 보이지 않지만, 물질의 가장 작은 입자를 현미경으로 보면 100억 개의 원자가 있다. 그리고 이 원자들 안에 무수한 전자 궤도가 있는데, 그 중 똑같은 것이 하나도 없다. 저마다 다른 속도와 궤도의 움직임으로 핵의 중심을 돌아다니면서 불규칙한 비율과 패턴이 일어난다(백만 분의 일 초당 수십억 번을 회전). 그리고 이들의 움직임을 실제로 측정하는 것은 불가능하다. 우리 머리카락의 두께보다 수십억 배나 더 작은 분량에서 발생하는 상상하기조차 힘든 이러한 현상은 우주에 존재하는 모든 물질 가운데 중요한 역할을 한다.

본래, 창조의 모든 영역에서 피조물은 하나님의 헤아릴 수 없는 다양성을 외치고 있다. 우주의 모든 먼지 입자, 소립자, 종자마다 다른 생물의 다양성을 보면 하나님의 지문이 배어있고 모든 광선마다 하나님의 놀라운 창조성을 드러낸다. 우주의 엑스선, 파장, 감마선, 우주의 허공을 떠다니는 우리 눈에 보이지 않는 다른 형태의 에너지들조차도 하나님의 예술적인 천재성을 말해준다. 시편은 이것을 은혜롭게 표현하고 있다. "하늘이 하나님의 영광을 말하고 창공이 그분의 손으로 하신 일을 선포하네."

바로 이것이 천재적인 창조성이다!

고찰

이렇게 다양함 가운데 드러나는 하나님의 천재적인 창조력은 우리 눈에 보이거나 보이지 않는 모든 생활영역 곳곳에 존재한다. 16세기 독일의 천문학자 요하네스 케플러(Johannes Kepler)는 이것을 좀 더 감동적으로 설명했다. "인간의 마음에 신선한 양분을 주기에 결코 부족함이 없을 만큼 자연 현상의 다양함은 너무나 방대하고 하늘에 숨겨진 보화는 너무나 풍성하다."

다시 말해서 우주에 존재하는 어떤 것도 둘이 똑같이 기능하거나, 동일한 특성 및 특징을 갖고 있는 것은 없다. 나무, 눈송이, 빗방울, 별, 행성, 우주 등 그 어떤 것도 서로 똑같은 것은 없다. 자연 세계 안에 있는 다양성의 법칙 때문에 그리고 하나님과 같은 창조의 천재가 진짜 예술품을 모방한다는 것은 말이 안 되기 때문에, 서로 연관이 있기는 하나 동일하게 서로 똑같은 것은 없는 것이다. 전능하신 하나님은 다양성 극대화의 달인이시고, 반복을 하지 못하는 분이다.

게다가 우리가 이 다양성을 인식할 때 우리는 창조주 하나님과 더 가까워질 수 있게 되고 그분의 우주적인 창조 작품을 더 잘 볼 수 있게 된다. 하나님께서 이렇게 의도적으로 피조물을 다양하게 만드신 것을 인정할 때, 참으로 지적인 설계 가운데 나타난 조화로운 모양들 속에 하나님의 천재성이 얼마나 기이한지 발견하게 된다. 하지만 우리가 그것을 무시하면 모든 피조물을 가능한 한 독특하게 만들려고 애쓰신 창조주의 의도를 거스르고 일률성의 함정에 빠지고 만다.

제2장

이 세상에 하나밖에 없는 존재

"모든 인간은 마음 깊은 곳에 자신이 독특한 존재라는 것을,
이 세상에 오직 하나밖에 없는 존재임을 아주 잘 알고 있다.
그렇게 놀랍고 아름다운 작품이 결코 반복하여 두 번 만들어질 수는 없다는 것을 말이다."

_프리드리히 니체(Friedrich Nietzsche) 독일의 철학자, 저자

우주의 이런 다양성과 마찬가지로, 하나님의 천재적인 창의성은 인간으로 빚어진 당신의 독특함에도 기가 막히게 잘 드러나 있다.

당신의 생명이 특별할 뿐 아니라 보통을 넘어선다는 사실은 아무도 부인할 수 없는 현실이다. 지구상에 존재하는 당신은 귀한 특징을 갖고 있다. 이것은 당신의 정신적 개념을 포함하여, 당신의 독특하고 복잡한 세포 구조, 개인적인 성격 등 모든 면에서 사실이다. 또한 지적, 정서적, 영적 특성이 독특하게 조합되어 측량할 수 없으리만큼 당신은 귀한 존재인 것이다.

그러면 왜 하나님은 당신과 똑같은 사람이 다른 곳에 존재하지 않도록 그렇게 독특하게 당신을 지으셨을까? 당신이 잉태될 때 이 세상에 하나 밖에 없는 존재가 될 확률은 무엇일까? 그리고 내가

누구인지 내가 왜 다르게 태어났는지를 발견해야 되는 이유는 무엇일까?

하나님은 반드시 의도를 갖고 계신다는 사실에서 우리는 어느 정도 답을 찾을 수 있다. 하나님의 세상에 우연이라는 것은 없다. 이제까지 존재했고 존재하는 모든 것은 태초보다 한참 전에 신중하게 계획된 것이었고, 앞으로 존재할 것들도 이미 그분의 마음속에 존재하고 있다. 메시지성경(Message Bible)은 로마서 8장 29절을 이렇게 선포한다. "하나님께서는 태초부터 본인이 무슨 일을 하시는지 알고 계셨다. 그분은 최초에, 하나님을 사랑하는 이들의 생명을 지으시기로 작정하셨다."

당신의 독특한 존재도 이와 마찬가지다. 하나님께서 당신을 놀랍게 미리 설계하셨고 당신의 개성은 하나님의 계획 가운데 나온 결과이다. 간단히 말해서 당신은 다른 어떤 인간의 존재와도 같지 않게 태어났으며 독특한 특성을 갖고 있어서 생명의 놀라운 신비와 복잡함을 잘 보여주는 존재가 되는 것이다. 당신이 처음 숨을 들이마시는 순간, 남들과는 아주 다른 여행을 시작하게 된 것이다.

천문학적인 승산을 이기고

당신은 어떻게 다른가?

가령 세포의 차원에서 보면 당신은 인간의 DNA로 알려진 특정 유전 정보를 포함한 100조(兆) 개의 세포로 이루어져 있다. 잉태 시에, 각각의 세포 구조에 암호화된 이 유전 물질이 당신의 신체적인 모습과, 지성, 성(性), 감정적 기질, 그 밖의 기타 많은 유전적 특징을 결정지으면서 당신을 독특한 생명체로 만들어 내는 것이다.

과학자들은 우리의 DNA 조직이 너무나 희귀해서 지문이 다른 사람과 똑같을 수 있는 확률은 수조(兆)중 하나라고 한다.

> 다행히도, 우리의 존재는 숙명과는 전혀 관련이 없고, 우리의 전 존재 가운데 거하는 미리 예정된 운명(prearranged destiny)과 관련된 것이다.

생명체에 있어서 더 큰 기적은 인간이 잉태 될 당시의 상황을 보면 더욱 자명하다. 의학연구에 따르면 한 인간이 시작될 때 엄마의 자궁 안에서 상상할 수 없는 위험을 견뎌야 했다. 예를 들면 남자의 정자가 여자의 난자를 만날 때, 생존하여 자라날 수 있는 어려운 여행을 시작하고 당신이 창조된 모습으로 되어갈 확률은 천문학적인 승산의 여행 끝에 이루어진 결과이다. 사실 당신이 잉태될 당시 있었던 끝없는 가능성을 생각하면, 당신이 되기까지의 확률이란 상상조차 불가능하다.

좀 더 객관적인 견해로 보자면, 과학계에서는 여자가 두 난소에 미수정된 난자를 약 3백만 개 갖고 태어난다고 한다. 각 난소는 서로 다른 유전 정보를 갖고 있다. 3백만 개 중 겨우 400개 미만의 난자만 실제로 배출된다. 매월, 약 20개의 난자가 성숙 과정을 시작하여 그 중 가장 뛰어난 한 개의 난자만이 배출된다. 유전 정보를 지니는 특정 염색체를 가진 난자는 그렇게 뽑혀서, 수정을 기다리며 며칠 동안 기다린다. 수정이 안 되면 그것은 죽게 되고, 유전적으로 완전히 다른 구조를 가진 다른 난자가 다음 달에 나오게 된다.

이와 같은 놀라운 확률이 난자에 DNA를 전달하는 이동 세포인 정자의 역할에도 적용된다. 정액이 여자의 몸속에 분출되면 5억 개나 되는 극히 작은 이 세포들은 각기 다투어 헤엄을 쳐서 난자가 기다리고 있는 곳으로 가기 시작한다. 5억 개 중에 200개 정도가 산성 환경을 견디고 살아남아 난자가 수정을 기다리고 있는 곳까지 위험한 여행을 마친다. 200개가 모두 난자에 들어가려고 시도하지만 오직 한 개만이 들어가게 되고 나머지들이 들어오지 못하도록 막아버린다.

이 시점에서 수정이 일어난다. 여자의 난소와 남자의 정자 염색체 유전 정보들이 섞이면서, 그 태아의 생명체 특성이 결정된다. 이 일이 일어나면 세포들은 분열하고 증식해서 독특한 인간이 형성되기 시작한다. 인간의 눈에 거의 보이지 않는 그 태아의 작은 세포들 덩어리로 말미암아, 그야말로 기적적으로 당신이 형성된 것이다.

5억 개 중 하나

그러면 이것이 다 숙명(fate)의 문제인가? 아니면 인생은 운과 기회의 게임이라는 세상 사람들의 믿음을 무시하는 하나님의 목적이 모든 인간의 DNA 속에 새겨진 것일까?

기독 신앙의 모든 믿음 가운데, 가장 경이로운 것은 모든 사람의 생명 가운데 드러난 하나님의 의도성이다. 우리 한 개개인이 존재하도록 잉태된 것과 한 생명이 디자인된 것은 우연이 아니다. 우리 모두는 지극히 무력한 정자의 존재로 시작되었지만, 그 정자는 5억만 분의 일만 생존할 수 있는 환경에서 헤엄쳐 나와 이 천문학적인 승산을 뚫고 통계학적인 불가능성을 이긴 예외가 되었다.

천만다행으로, 어머니 자궁의 위험한 여행에서 살아남은 우리들은 성장해서 회계사가 되고, 사역자가 되며, 건축가, 의사, 변호사, 목수, 시인, 정치인, 음악가 등이 된다. 다른 499,999,999개의 극소 정자들은 영원히 사라지고 이름도 없이 잊혀 진다. 그들이 될 수 있었을 존재가 될 기회를 결코 갖지 못한다. 우리가 이해할 수 없는 이유들로 인해 우리는 지금 이 순간 여기 존재하고 그들은 그렇게 되지 못하는 것이다.

우리는 그야말로 기적 자체이다. 우리를 대적하는 상상을 초월한 생존경쟁과 상관없이, 우리의 생존은 하나님께서 친히 계획하셨다. 하나님은 우주를 창조하기 오래 전 마음속에 우리의 여행길을 생각해 놓으셨다. 우리 자신이 아무리 하찮게 느껴져도, 우리는 분명한 이유를 위해 이 땅에 있는 것이다. 다행히도, 우리의 목적은 숙명과는 전혀 관련이 없고, 우리의 전 존재 가운데 거하는 미리 예정된 운명(prearranged destiny)과 관련된 것이다.

또 이사야 선지자도 이사야 49장 1절에서 말한 것처럼, 주님께서는 이사야가 태어나기 전에 어머니의 태속에서부터 자신의 이름을 부르셨고 특별한 목적을 위해 자신을 부르셨다고 기록하고 있다. 이 말은 하나님께서 그분의 피조물 모든 구석구석까지 의도하시며 세상에 영향을 미치기 원하신다는 뜻이다. 우리의 인생이 단순히 우연의 부산물이었다면 세상의 미래는 주사위가 굴러가는 대로 굴러갈 것이다. 그렇다면 하나님께서 인류의 역사에 영향을 미치시는 방법과는 무관할 것이며, 인류역사의 발전 가운데 우리가 맡아야 할 역할과도 상관이 없을 것이다.

자신의 독특함을 용납하라

놀라운 삶을 살 수 있는 가능성에도 불구하고 많은 사람들은 여전히 자신의 독특하고 남과는 다른 존재감에서 오는 고립감으로 고통스러워한다. 다는 아닐지라도 우리들 대부분이 한 두 번은 우리 자신의 독특함이 축복이기보다는 저주라는 잘못된 생각 속에 빠진 적이 있을 것이다. 그 결과 우리는 자기 생의 목적에 대해 불확실해 하며 이 세상 속에서 비틀거리곤 한다.

가령 당신은 얼마나 자주 하늘을 보면서 이런 생각에 잠겨봤는가? "나는 누구인가, 나는 왜 존재하는가?" 나는 다르다는 견딜 수 없는 외로움 속에서 쳇바퀴가 굴러가는 일상을 그저 견디면서 인생을 탈피하고 싶은 유혹을 겪은 적이 있지 않은가? 아니면 자기 개성을 철저히 인식하게 되면서 그것이 불행으로 보이지만 복이 되었고, 자기를 발견하고자 애쓰기 위해 필요한 순간이 되었는가?

나 같은 경우는 내 인생의 많은 시간 동안 이 어려운 과정을 거치며 그 의미를 깨닫는 여행을 해 왔다. 어렸을 때부터 인간으로서와 목사의 아들로서의 나의 정체감에 대해서 매우 고투했다. 다섯 살 때부터 우리 작은 교회에서 사역을 하긴 했지만 나를 둘러싼 환경과 나는 달랐고 생명력 없는 종교에 숨이 막힐 것 같았다. 설상가상으로 학교에서의 사회 구조에도 나는 맞지 않았고 우리 가족 외에 친구가 거의 없었다. 그야말로 나는 아무 데도 속할 데가 없는 완전 외톨이였다.

열세 살이 되었을 때, 나는 더 이상 견딜 수가 없어서 집을 나갔다. 알칸사스인 고향에서 도망 나와 320킬로미터나 떨어진 테네시의 멤피스에 이르렀다. 무모한 짓이었지만 중요한 존재이고자 하는 어릴 적 꿈을 쫓기 위해서는 다른 방법이 없다고 느꼈었다. 내가 누구이고, 내 인생에 뭘 하도록 창조되었는지 알고자 하는 마음과 충족되지 않은 목적의식이 나를 몰아가는 것 같았다.

말할 필요도 없이 나 자신을 찾고자 하는 내 계획은 성공하지 못했다. 내 운명을 발견한 것이 아니라, 박람회장에서 하룻밤에 몇 불을 받고 게임기를 돌리는 일을 하게 되었다. 갈아입을 옷은 한 벌 밖에 없었고, 양말도 한 켤레, 먹거나 마실 것도 아주 조금 밖에 없었다. 살 곳도 없어서 친구의 차 속에서 잤고 목욕도 근처의 주유소 세면대에서 했다.

감사하게도 마침내는 경찰이 나를 발견하고 우리 가족에게로 돌아올 수 있게 해 주었다. 그럼에도 불구하고 목적을 향한 나의 열정은 꺼지지 않았다. 더 강하게 타오를 뿐이었다. 얼마 지나지 않아서 나는 다시 도망쳤다. 내 인생에서의 내 자리를 찾기로 했다. 그때는 스무 살이었다. 사진가, 건축 제도사, 주유소 매니저, 타일공, 자동차 정비사, 자동차 세일즈맨, 집 페인트공으로 일하면서, 주말에는 동네의 나이트클럽에서 기타를 연주했다.

인생의 많은 여정을 지났으면서도 여전히 내가 궁극적으로 가야할 길을 찾고자 하는 마음은 결코 잃어버리지 않았다. 확실히 나는 좀 지나쳤던 것 같다. 그리고 오늘날까지도 나는 우리 부모님이 나의 무모한 자기 발견의 추구에 대해서 어떻게 감당하셨는지 모르겠다. 하지만 부모님은 나를 무조건적으로 사랑하셨고, 그분들은 내가 되기로 되어 있는 대로 될 것이라고 확신하셨다. 시간이 지나면 결국에는, 하나님께서 주신 진로를 내가 따라가리라는 것을 부모님들은 알고 계셨다.

물론 그 진로의 한 부분은 내가 지금 즐기고 있는 사역이다. 하나님의 도우심으로 나는 지난 35년 동안 몇 권의 책을 쓰며 몇 개의 교회를 담임하고 컨퍼런스 강사로 세계를 다니는 특권을 누렸다. 이런 기회에 대해서 나는 너무나 감사하고 내 인생의 목적 중 중요한 부분을 이루었다고 생각한다. 참으로 나는 풍성한 유산으로 복을 받았다.

한편, 나는 아직 나의 최대 가능성에 도달하지 못했고, 새로운 진로의 수평선을 향해 계속적으로 전진하고 있음을 깨닫는다. 이 여행은 나와 내 인생에 대한 것뿐만 아니라 후손에게 남기고 갈

유산이 되기도 할 것이다. 나의 추구에 따른 대가와 불편함에도 불구하고, 내가 살도록 창조된 독특한 삶을 살 때까지 나는 멈추지 않을 것이다. 이 여행이 어디에 다다를 지와 상관없이, 이 땅에서 나의 궁극적인 목적을 발견하는 데에 나는 단호히 헌신했다.

설계하신 운명

우리의 존재는 모든 삶의 영역에 있어서 창조주 하나님의 지적인 설계를 볼 수 있다. 이것은 특별히 우리가 살고 있는 사회에 우리가 기여하는 것을 봐도 그렇고 역사 가운데 각자의 삶을 봐도 그렇다. 역사 속에 하나님의 목적이 드러나기 위하여 세밀한 곳까지 균형을 이뤄야 하기에, 우리 존재의 모든 색깔은 인생의 방정식에 들어맞는다.

앞에서 언급했던 것처럼 우리의 호흡을 둘러싼 모든 것들이나 하나님의 생기가 들어간 우리의 진로에는 우연이란 없다. 우리의 현재와 미래 모두가 우리의 독특함을 최대화하기 위한 하늘의 의도 가운데 계획된 것이다. 우리가 잉태된 바로 그 시간까지도 우리의 감정적, 영적, 육체적 존재를 형성하며, 우리가 사회에서 해야 할 역할을 결정하는데도 중요하다.

역사 가운데 펼쳐지는 그러한 시나리오는 무수히 많다. 가령, 벤자민 프랭클린의 아버지가 바로 그달, 그날, 그 순간에 아내와 연합하여 벤자민이 잉태되지 않았더라면, 정전기의 발견은 없었을 것이며 세상은 완전 어두움 가운데 있었을 것이다. 어린 벤자민이 엄마의 태 안에서 헤엄하는데 지쳐 수영해 나가기를 포기했었더라면, 다른 정자가 벤자민을 이겼을 것이다. 그 세포는 어떤 시인이나 건축가, 정치가가 되었을지 모르지만 그래도 전기는 없었을 것이다.

이 시나리오를 좀 더 생각해 보면, 더 복잡한 얘기가 나올 수 있다. 전기의 발견이 없었더라면, 토마스 에디슨이 전구를 발명하지 못했을 수도 있다. 컴퓨터가 없었더라면, 우리가 지금 누리는 기술의 편리함은 아직도 환상에 불과할 것이다. 나 같은 사람은 내 생각을 책으로 만들어 내는 것도 불가능했을 것이고 여러분이 이 책을 읽는 일도 없었을 것이다.

이 논리의 결론은 모든 사람이 인류 역사 가운데 하나님의 계획을 펼쳐 나가기 위하여 중요한 역할을 하도록 지어졌다는 것이다. 의사, 과학자, 정치가, 교사, 기타 전문가 등 그 목록은 길다. 이 모든 역할은 이 땅에 하나님의 목적을 확장해 나가기 위한 것이고 현대 문명이 진보하는 기초가 된다. 그렇지 않고는 인류가 매우 제한될 것이다.

기계공이나, 배관공, 벽돌 쌓는 사람, 목수 등 사회의 성장과 유지보수를 위한 내부 구조를 공급하는 기타 많은 이들도 마찬가지다. 천 명의 벤자민 프랭클린과 토마스 에디슨이 있다 해도 세상은 이들 없이는 여전히 이루어질 수 없을 것이다. 많은 산업을 뒷받침하기 위해 건축을 하거나 길을 뚫는 노동력이 없을 것이다. 각 사람의 독특한 역할이 없이는 현대 문명이 있을 수 없었고 우리는 원시적인 상태로 인생을 살았을 것이다.

내가 더 무슨 말을 할 수 있겠는가? 당신은 하나님의 아이디어이지, 우연히 생긴 것이 아니다. 당신이 가

> 당신은 하나님의 아이디어이지, 우연히 생긴 것이 아니다.

정주부이든, 뇌를 수술하는 의사이든, 청소부이든, 회계사이든지 간에, 당신은 오억 분의 일이라는 경쟁에서 살아남아 생명체가 된 사람이다. 이 엄청난 숫자를 생각하면 당신은 지금 여기 있어서는 안 된다. 하지만 당신은 여기에 있다! 자신의 역할을 표현하는 방식은 우리가 살아가는 문화에 대한 하나님의 의도를 만족시키기 위해 매우 중요하다.

운명인가 선택인가?

이제 좀 더 어려운 질문을 해 보자.

전능하신 하나님은 독선적으로 우리의 운명을 주관하시는가? 우리 인생을 예정하심으로 우리가 무엇이 될 것인지에 대해 우리는 선택할 권한이 없는가? 히틀러는 선택할 여지도 없이 독재자가 되도록 태어났는가? 테레사 수녀는 그 운명 가운데 다른 선택권이 없어서 고통당하는 인류를 돕는 일에 일생을 바쳤는가? 당신은 어떠한가? 인생 가운데 당신의 역할은 운명의 문제인가 아니면 선택의 문제인가?

확실히, 하나님은 사람의 인생 가운데 선한 모든 것들을 예정하시고 윤리적으로 잘못된 것들을 반대하신다. 어떤 사람들이 악하게 된다고 해서 그들이 그 문제에 있어서 달리 선택권이 없었던 것도 아니고, 하나님께서 그들의 삶에 예정하신 긍정적인 인생의 목적이 없었던 것도 아니다. 하지만 슬픈 것은 악한 인간이 자신의 길을 선택한다는 사실이다. 길이 사람을 택하는 것이 아니다. 하나님이 정하신 길을 그들이 걷기 원치 않았기 때문에, 세상 가운데 일하는 어두운 힘이 다른 길을 제공한 것이다. 그들의 인생을 향한 하나님의 부르심을 무시하고 그들은 결코 가서는 안 되는 길로 간 것이다.

따라서 우리가 하나님께서 예정하신 운명의 길을 추구하되 숙명에 맡긴다고 하지 않아야 한다. 우리가 아무것도 하지 않아도 모든 것이 완벽하게 잘 될 것이라는 착각에 빠지지 않아야만 한다. 우리 각 사람이 의미 있는 삶을 살도록 부르심을 받았다고 해서 우리에게 아무런 선택의 권한도 없이 인생 여정에 결과가 뚝딱 생기는 것이 아니다. 앞에서 언급했듯이, 우리 운명의 완수는 창조주 하나님께서 설계하신 도덕적이고 온전한 사람이 되기 위한 우리 자신의 결정에 달린 것이다.

이제까지 결론은 자명하다. 운명은 결코 행운의 문제가 아니라, 하나님의 의도와 인간의 선택이 절묘하게 어우러져 이루어지는 것이다. 여기서의 메시지는 우리가 의도적으로 하나님께서 우리가 되도록 예정하신 것을 선택하며 의도적으로 그 길을 걸어가야 한다는 것이다. 여기서 예정과 자유의지는 카드게임과 같다. 우리에게 주어진 손이 예정이다. 그 손을 가지고 움직이며 선택하는 것이 자유의지이다. 이 두 가지가 어우러져 우리가 살기로 되어 있는 완전한 인생의 영역들을 이루어 간다. 요람에서 무덤까지.

고찰

의식적이든 무의식적이든 간에 누구나 자기 자신의 개성을 받아들이고자 하는 고투가 있기 마련이다. 나는 그것이 어렵다는 것을 잘 알지만 여러분을 격려하고자 한다. 낙심할 것이 아니라, 내가 숨 쉬는 매 순간이 하나님께서 내 평생에 한 번 주시는 선물이며, 하나님은 당신을 신묘막측한 인간으로 지으셨다는 사실을 기억하자. 어두운 밤에 홀로 비추는 등대와 같이, 당신의 존재는 창조주 하나님의 독특한 예술성을 반영하는 작품이기 때문이다.

그리고 다시 말하지만 주요 문제는 자신이 남들과 얼마나 다른지가 아니라 획일화의 이데올로기로 숨 막혀 하는 세상에서 자기 개성을 얼마나 기꺼이 표현하고자 하는 것이다. 자기 존재의 독특성을 누릴 기회를 당신은 포기할 것인가? 아니면 평범함을 초월하는 인생을 살 것인가?

유명한 패션 디자이너이자 사진작가인 세실 비통(Sir Cecil Beaton)은 이 문제에 대해서 다음과 같이 분명히 말했다.

"대담하라. 달라지라. 비실용적이어도 좋다. 위험을 무릅쓰지 않는 사람이나, 평범함의 산물이나, 보통의 노예가 되지 않으려는 상상력이 풍부한 비전과 완전한 목적을 나타내는 것이라면 무엇이든 되라."

다른 식으로 말하면 세상이 당신에게 되라고 하는 존재가 될 것이 아니라, 당신이 누구인지를 세상에 알리라는 말이다. 대담하게 맘을 열고 진짜가 되라! 그리고 가장 중요한 것은 대담하게 나 자신이 되는 것이다. 한 번 밖에 살 수 없는 인생, 내 자신의 인생을 사는 것이다.

솔직히, 하나님께서 의도하신 나의 인생을 살지 못했을 때 치르는 대가는 상상을 초월한다. 로마서 8장 22절에 따르면 모든 피조물은 인간이 각자의 독특한 역할을 발견하기를 기다리며, 사람이 자기 개성을 표현하거나 혹은 표현하지 않기로 하는 결정에 따라 포로 되어 있다고 말한다. 또한 하나님이 의도하신 내가 되는 것은 방관하는 세상에 하나님께서 자신의 다양하고 복잡한 개성을 드러내는 중요한 방법이다.

제3장

하나님의 영상

"모든 한 사람 한 사람 안에는, 공식을 초월하는 어떤 독특함이 있다.
우리는 그것을 느낄 수 있고, 그 얼굴을 알아볼 수가 있다…
하지만 그것을 정확히 설명할 수는 없다…
결국에는 창조주 하나님을 경외할 수밖에 없는 것이다."

_윌리엄 제임스(William James) 미국 철학자, 저자

나는 자라나면서 하나님의 창의적인 천재성과 그 다양성에 대해 생각하는 데 많은 시간을 보냈다. 하지만 어른이 되면서 전에는 늘 신기하던 것이 절망으로 변하기 시작했다. 내가 늘 열정적으로 기도하던 것은 단순한 신학을 초월하는 방식으로 하나님의 독특함을 경험하는 것이었다. 이게 정확히 무슨 말인지도 사실 확실하지 않았지만, 나는 그저 피조물 가운데 주님의 얼굴이 다양하게 반영되는 것을 간절히 보고 싶어 했다.

어느 토요일 저녁 이런 것들에 대해서 묵상하는 동안, 뭔가 특별한 것이 내 마음에 펼쳐지기 시작했다. 내 기도가 응답될 거라는 강한 느낌이 속에서 일어나기 시작했다. 직관적으로 나는 그것이 그 다음 날 일어날 것이라는 느낌이 들었다. 내가 주일 아침 말씀

을 전하기 바로 전에 말이다. 나는 즉시 내 인생을 급격히 바꿀 하나님의 모습에 대해 나타날 계시를 받으려 내 마음을 준비하기 시작했다.

두말할 나위 없이 나는 흥분했다! 사실, 나는 너무나 신이 나서 그 다음 날 아침 교회로 달려가며 빨간 불을 세 번이나 지나쳤다. 마침내 경찰차에 붙잡혀, 법규를 어긴 것을 사과하고, 내가 목사인데 교회로 서둘러 가는 중이라고 고백을 했다. 놀랍게도, 경찰관은 경고만 하고 딱지를 떼지 않고 보내 주었다. 창피해진 나는 다소 겸손해진 마음으로 다시 교회를 향했다.

그런데 교회에 도착해서는 그 일을 다 잊어버렸다. 자리에 앉아서 강단에 올라가기를 기다리기가 힘들 정도였다. 내 인생에 있어서 가장 위대한 계시 중 하나를 나누면서 그 느낌을 놓치고 싶지 않았다. 그리고 '이 얼마나 시기적절한 때와 장소인가' 하고 나는 생각했다. 바로 주일 아침 하나님의 집에서였으니 말이다.

하나님의 얼굴 보기

이제 기대감에 벅차 숨을 죽이고, 나는 예배가 시작되는 동안 내내 약속하신 만남을 기다리며 눈을 꽉 감고 있었다. 어떤 환상이 보일지 아니면 어떤 천국의 상황에 빠질지 몰랐으나, 두 가지는 확실했다. 하나님께서 주실 경험을 할 준비가 되어 있었고, 그것이 내 인생에 미칠 영향을 잘 알고 있었다.

그게 무엇인지 알 수 있는 순간이 다가오자 마음속에서 이런 소리가 들렸다. "너는 내 영광이 나타나는 것을 보기 원하느냐? 너는 내 얼굴

> 하나님의 얼굴을 보기 위해서는 그저 그분의 형상으로 지음 받은 사람들의 얼굴을 보아야 한다.

을 볼 준비가 되었느냐? 그렇다면 눈을 열어 방을 둘러보아라."

내가 기대감에 차서 눈을 떠 보니 이런 소리만 들렸다. "뭐가 보이느냐?" 속으로 나는 대답했다. "주님, 사람들만 많이 보이는데요."

대답이 없어 나는 눈을 다시 감고 내가 뭘 놓쳤는지 생각해 보았다. 다시 한 번 음성이 들렸다. "눈을 뜨고 뭐가 보이는지 말해 보아라." 이번에는 내가 더 자세히 답했다. "사람들이 보이네요. 온갖 종류의 사람들이요. 하얀 얼굴, 까만 얼굴, 갈색 얼굴, 젊은 얼굴, 늙은 얼굴."

그리고는 귀에 거의 들리는 듯, 이렇게 말씀하시는 것이 들렸다. "네가 바로 내 얼굴을 보았다. 네가 이 땅에 있는 동안 보게 될 내 영광 중 가장 위대한 모습을 네가 본 것이다." 그때 나는 하나님의 얼굴을 보기 위해서는 그저 그분의 형상으로 지음 받은 사람들의 얼굴을 보아야 한다는 것임을 알게 되었다. 그리고 즉시로, 성경 말씀에서 빌립이 예수님께 하나님의 얼굴을 보여 달라고 부탁했을 때 예수님께서 "나를 본 자는 아버지를 보았다"고 한 말씀이 떠올랐다(요 14:9).

처음에는 좀 허무했다. 그런데 이 계시가 조금씩 내 영혼에 사

무치면서, 나는 무너지기 시작했다. 내 앞에 있는 사람들을 향한 사랑 때문에 내가 터질 것만 같았다. 나는 그날 모든 인간을 향한 진가를 심오하게 느끼며 교회를 떠났고, 하나님의 영광과 그분의 피조물을 분리하는 실수를 다시는 범하지 않으리라 다짐했다.

나는 또한 그분의 형상으로 만들어진 사람을 높이지 못하면서 감히 하나님을 사랑하노라고 외칠 수 없다는 것을 깨달았다. 어떤 예술가에게 "내가 당신은 좋아하는데, 당신이 만든 형상은 좋아하지 않아요"라고 말한다면 얼마나 기분이 나쁠지 깨달은 것이다. 내 마음 깊은 곳에 이러한 태도가 우주의 창조주 하나님께도 큰 모욕이 된다는 것을 알게 되었다.

하나님을 비추는 연습

그 후로 삼십 년도 더 지났는데, 나는 이제야 사람 가운데 있는 하나님의 독특함을 겨우 이해하기 시작한 느낌이다. 성경을 더 공부할수록 창조주 하나님은 우리 안에 하나님의 다양한 면을 반영하는 능력을 확장해 가고 계신다는 것을 더 확신하게 된다. 아담과 이브로 시작하여, 하나님은 언제나 "질그릇" 속에 하나님의 다양한 존재를 쏟아 부으심으로 그분을 온전히 드러내고자 하셨다.

인류에게 하나님 자신을 드러내고자 주님이 하신 일들은 구약 전체에 많은 구절들로 기록되어 있다. 하나님은 출애굽기 25-28장에 기록된 바와 같이, "고대"에는 모세에게 사막 위에 장막을 지을 수 있도록 정확한 청사진을 보여 주셨다. 이것은 하나님의 여러 가지 다양한 면을 반영하기 위해 설계된 것으로 각종 색깔과 재질로 장식되었다. 빨강색은 하나님의 열정적인 사랑을 말하는가 하면 파랑은 그분의 계시적인 영을 표현하고, 자주색은 그분의 왕권을 상징한다고 한다.

그런데 내가 볼 때, 하나님의 성격 중 가장 두드러진 면은 대제사장이 맨 각색으로 만들어진 흉배에 나타나 있다. 출애굽기 28장 15-30절에 기록된 바와 같이, 이 화려한 흉배는 순금과 화려한 보석으로 만들어졌고 이 보석은 이스라엘의 열두 지파를 상징한다. 각각의 보석 위에 새겨진 지파의 이름과 그 독특한 색깔은 각 지파 가운데 보여 주시는 전능하신 하나님의 속성을 반영한다는 견해가 많다.

가령 다이아몬드의 찬란함은 각 종족 안에 나타난 하나님의 눈부신 특성을 표현한다고 볼 수 있다. 또 홍옥 루비는 유대 안에 나타난 예수님의 혈통을 나타낸다. 또한 파란 사파이어는 시므온의 계시적인 영을 보여준다고 하고 자줏빛 자수정은 베냐민의 왕과 같은 특성을 상징한다고 본다. 다른 여덟 개의 보석 또한 하나님의 다른 독특한 특성을 보여 준다.

그런데 참으로 놀라운 것은 하나님의 백성을 상징적으로 대표하는 흉배를 가슴에 달고 하나님 앞에 서 있는 대제사장의 상징이다. 출애굽기 28장에 기록된 바와 같이, 대제사장은 성막의 내실로 들어갈 때, 빨강, 파랑, 자주빛으로 정교히 짠 옷과 흉배로 장식하고 들어간다. 적막한 어두움 가운데 홀로 있을 때, 하나님 앞에 화려한 옷을 입은 대제사장은 고대 히브리 지파들 가운데 임했던 하나님의 영광을 기억하게 해 준다.

더 넓게 생각해 보면, 대제사장은 신약에서 그리스도의 제사장권을 보여 준다. 전자는 문자적인 의미에서이고, 후자는 영적인 의미에서이다. 간단히 말해서 이스라엘 백성들을 통하여 구약의 제사장의 화려한 흉배가 창조주 하나님의 여러 특성을 나타내셨던 것처럼, 예수님의 제사장된 마음은 신약의 각 신자들의 다양한 개성을 통해 나타난다.

스펙트럼

구약의 상징은 매우 가치가 있지만, 신비적인 형상 같은 것이 하나님의 다양성을 포스트모더니즘 세계에 보여주는 최고의 방법은 아닐 것이다. 그래서 더 많은 청중에게 설득력을 얻을 수 있도록 좀 더 다른 관점에서 하나님의 독특함을 보기 위하여, 최근에 나는 빛과 색깔의 과학에 주의를 돌리기로 결정했다. 물리적인 세계에서 색깔로 다양하게 표현되는 빛의 기본적 특성을 탐구하기 시작했다.

가령 빛은 파장의 형태로 여행하는 광자(photons)라고 하는 에너지 분자로 구성되어 있다. 따라서 우리가 "빛"이라는 용어를 쓸 때는 인간의 눈에 보이는 전자파를 말하는 것이다. 전자렌지나 라디오, 적외선, 엑스레이와 같은 다른 파장들도 인간의 눈에는 보이지 않지만 전체 스펙트럼에 속한다. 이 눈에 보이거나 보이지 않는 모든 스펙트럼들이 함께 모여 빛을 만들어 낸다.

나는 또한 학창 시절에 배웠던 빛의 스펙트럼에 대해서 몇 가지 사실을 재고해 보았다. 빛과 색깔에 대한 현대의 이해는 1972년 아이작 뉴턴(Isaac Newton)이 출판한 실험 시리즈에서 나온 것이다. 눈에 보이는 빛의 스펙트럼과 태양빛은 여러 색깔로 되어 있다는 것을 처음 발견한 사람은 뉴턴이다. 물체가 어떤 색깔로 보이는 것은 그 물체가 어떤 색깔을 갖고 있어서가 아니라 그것이 빛을 어떻게 반사하는지에 달렸다는 사실을 증명하기 시작했다. 가시적 빛의 스펙트럼 안에 있는 각 파장은 특정 색깔을 나타낸다는 이론이었다. 결국 색깔의 특성은 빛의 파장 길이에 달려 있다는 것이었다.

이 이론을 증명하기 위해서 뉴턴은 빛의 자연적 요소를 분석하기 위한 실험적 개념을 사용했다. 그는 프리즘을 통해 굴절된 태양빛은 일곱 가지의 가시적인 색깔, 빨강, 주황, 노랑, 초록, 파랑, 남색, 보라색으로 나뉠 수 있다는 것을 발견했다. 뉴턴은 이렇게 광선이 퍼지는 것을 분산이라고 했고 각기 다른 색깔의 광선을 스펙트럼이라고 했다. 그는 스펙트럼이 "지속적인 변화의 연속 가운데 각각의 모든 색을 규정할 수 없는 정도로 여러 색깔이 함께 묻어나는 색깔의 연속체"라고 정의했다.

뉴턴은 "색깔의 유명한 현상"에서 또한 프리즘을 통과해 들어간 빛은 다시 하얀 빛으로 바뀐다는 것을 발견했다. 하얀색은 그 자체로 색깔의 파장이 아니라 모든 색깔이 모이면 나타나는 색이다. 그의 이 놀라운 연구는 빛만이 색깔을 나오게 하는 근원이며 그 안에는 무수한 다양성이 있다는 것을 명확히 보여 주었다.

하나님의 색깔들

젊은 목사로서 내가 받은 하나님의 얼굴에 대한 계시는 마침내 이런 생각이 들게 만들었다. "하나님은 빛이다!" 신약에서 그분은 빛이라 했고, 사도 요한에 따르면 그분은 세상의 모든 사람들을 깨우실 참된 빛이시다. 요한은 또한 계시록을 마치면서 하나님은 다음 세상으로 건너가는 사람들에게 비취는 영원한 빛이라고 한다.

따라서 분명한 결론은 하나님과 빛은 하나라는 점이다. 이 둘은 나뉠 수가 없다. 영원히 철회할 수 없게 이 둘은 연결되어 있다. 물리적 세계에서 자연 색깔의 스펙트럼은 빛의 파장이 각각 반사된 것으로 이루어진 것처럼, 하나님의 빛은 또한 인류 가운데 분산된 영적 색깔의 독특한 표현으로 빛난다. 우리가 이 하나님의 신성한 빛에 노출될 때, 보이지 않는 세상의 색깔은 다양성의 넓은 스펙트럼 안에서 우리를 통해 반사된다. 마치 프리즘을 통해 굴절되는 빛처럼 말이다.

시간이 시작되기 훨씬 이전에 하나님의 가슴 속에 있었던 독특한 스펙트럼의 영적 색깔이 각 사람 안에서 비취는 것이다. 여기에는 어떤 예

> 무지개의 여러 색깔처럼, 하나님의 찬란하심은 인류라는 넓은 스펙트럼 안에서 아름답게 빛나고 있다.

외도 없다. 성경은 우리가 창세 전에 선택함을 받았다고 말하며 하나님의 독특한 특성과 속성을 나타내도록 예정함을 받았다고 명확하게 말한다. 로마서는 우리가 어머니 뱃속에 잉태되기 전에, 하나님의 자녀로서 영광스러운 빛을 드러내도록 부르심을 받았다고 말한다.

어쩌면 그래서 내가 어렸을 때부터 주일학교에서 불렀던 "나의 작은 빛"이라는 노래를 그렇게 좋아했는지도 모른다. 지금 생각해 보면, "나의 작은 빛 비추리라"는 후렴을 부를 적마다 내 인생 가운데 부어주신 하나님의 독특한 특성에 대해서 하나님께서 말씀하고 계셨다. 하나님은 내 개성의 고유한 가치와, 이 땅에 그분의 다양성을 나타내시기 위해 필요한 인류의 광범위한 성격에 대해서 말씀하시는 것 같았다.

사실 최근에 나는 이 멜로디가 마음속에 맴돌면서 내가 가는 곳마다 언제든지 내 빛을 발해야겠다고 생각했다. 다른 사람들의 빛에 비해서 "내 작은 빛"이 아무리 작게 느껴져도, 하나님께서 내게만 주신 독특한 빛이라는 사실을 깨닫고 있다. 불완전하고 부족할지라도, 나는 하나님의 다양하고 독특한 창조성의 한 면을 유일하게 표현하는 존재이다. 대제사장의 흉배를 장식하는 독특한 보석과 같이 내 존재는 일부에 지나지 않지만, 하나님을 흥미진진하게 비추는 것이다.

고찰

인류의 얼굴에 나타난 하나님의 모습을 인식하는 것은 어쩌면 우리가 이 땅에서 보게 될 하나님의 가장 위대한 계시인지도 모른다. 이 하나님의 모습을 무시하는 것은 우리 각 사람에게 그분의 창조성을 불어 넣으신 하나님의 얼굴을 보지 않으려고 숨는 것과 같다. 왜냐하면 하나님은 우리를 하나님의 형상으로 손수 지으셨고 우리는 그분의 신성을 담는 특권을 갖고 있기 때문이다. 구약의 이사야 43장 7절에 의하면, 우리는 그분의 백성이며, 그분의 이름으로 불림을 받으며, 그분의 영광을 나타내도록 창조되었다.

신약에서도 이 점을 다루면서 성령 하나님께서 우리에게 주신 은사의 다양성을 보여 준다. 사도 바울은 고린도전서 12장에서 우리 모두가 제각기 기능이 다르다고 명확하게 말하고 있다. 또한 우리 믿는 자들은 한 지체이지만 각각 하나님의 특성을 다양하게 갖고 있다고 한다. 쉬운성경은 고린도전서 12장 6절에서 이렇게 말하고 있다. "하나님께서 우리 삶에 일하시는 방법은 다양하지만, 우리 모두를 통해서 일하시는 하나님은 한 분이시다."

달리 말하면, 하나님의 영광스러운 신성이 하나님의 임재를 기꺼이 지니고자 하는 이들에게 다양한 모습으로 분배되었다는 것이다. 이 개념을 좀 더 실제적으로 표현하자면, 하나님이 각 사람에게 투자하신 광범위한 다양성을 우리는 품어야 한다는 것이다. 처음에는 이렇게 서로 다른 모습들이 모순되는 것 같지만, 결국에는 연합을 하게 되는 힘을 준다. 제2부에서 살펴보겠지만 자기 용납에 뿌리박힌 하나님 중심의 개성은 미래를 향한 큰 소망을 준다.

Original Breath

제2부

내 존재 안에 있는
하나님의 독특함을
발견하라

Original Breath

제4장

하나님의 포옹

"하나님이 창조하신 내가 되는 첫 번째 단계는 나 자신을 받아들이는 것이다."

_래리 랜돌프

    제1부에서는 피조물 안에서 볼 수 있는 하나님의 지적인 설계에 대해서 큰 그림을 그려 봤다. 또한 인류 안에 있는 창조주 하나님의 독특함과 하나님의 성품을 나타내기 위한 각자의 역할에 대해서 언급했다. 여기에서 목표는 독자에게 우리의 기묘한 독특함과 우리 존재가 갖는 의도성에 대한 이해를 주는 것이었다.

    제2부에서는 인간으로서 우리의 가치를 살펴봄으로써 우리에게 주어진 진정한 삶을 살 수 있도록 하는 것이다. 이 임무를 성취하기 위해서는, 대부분의 사람들이 이해하기 힘든 영성과 생명에 대한 부분을 다루어야만 한다. 하나님께서 우리를 사랑하시는 것처럼 우리는 우리 자신을 사랑할 수 없는 문제에 대해서 말이다.

    우리가 하나님의 형상으로 창조되었다고 하는데 창조주 하나님의 사랑을 받아들이기가 왜 그렇게 어려운 것일까?

문제는 하나님이 사랑이시라는 점을 우리가 지적으로 이해하기 힘든 것이 아니라 그분의 사랑을 우리 자신의 삶 가운데 품기가 어렵다는 점이다. 불행히도 우리는 자신의 생활에서 하나님의 무조건적인 사랑을 거의 경험하지 못하면서 사랑하시는 창조주 하나님이라는 개념에만 기초하여 큰 교회건물을 세우며 종교 조직을 만들어 내고 있다. 하나님의 사랑에 대해서 많이들 말하지만, 많은 신자들이 내 이웃을 내 몸과 같이 사랑하라는 마태복음 22장 37-39절의 명령과 사랑하시는 하나님의 사이의 중요한 연결점을 놓치고 있다.

자기 사랑인가 자기 거부인가?

어렸을 때 나는 자기 사랑이라는 문제에 대해서 깊이 갈등했다. 다른 사람을 사랑하는 점에 대해서는 문제가 없었는데, 나 자신을 받아들이고 사랑하라는 명령에 대해서 괴로워했다. 젊어서 목회를 할 때도 거의 따르기 불가능한 이 명령은 성과에 따라 상벌을 받으며 성장한 내게는 참으로 불편했다. 사실 하나님의 자녀로서 내 가치를 인식하기 시작한 것은 거의 사십이 되어서였다.

불행히도 이것은 나만의 문제가 아니고, 우리 가족 안에 퍼져 있었다. 몇 년 전, 엄마 아빠가 서로 다른 인종인 우리 손자 알렉스는 자신의 독특한 모습과 피부색 때문에 우울해 했다. 우리 딸이 알렉스가 부정적인 자기 이미지로 고민한다고 말해 주었을 때 나는 우리 가족 안에 자신을 사랑하지 못하게 하는 해결되지 못한 문제가 있음을 뼈저리게 느끼게 되었다. 우리는 하나님이 우리의 외모보다는 마음에 더 관심을 두신다고 머리로는 알고 있지만, 나 자신을 포함한 우리 가족 대부분은 인간으로서 가진 자기 자신의 가치를 인정하기 보다는 남들에게 보이는 것을 사랑하기가 더 쉬운 것 같다.

오늘날 많은 교회들과 회중들도 이러한 문제로 고투하고 있다. 아주 심각한 것은 하나님 가족의 일원으로서 우리 가치에 대한 잘못된 이론이다. 그리스도 안에서 가능한 무조건적인 사랑과 용납에 기초하여 자존감이 형성되기보다는 자기비하를 겸손함처럼 여기는 종교적 의식에 물들어 있다. 이 땅의 본성으로부터 자신을 멀리하고 우리의 인간됨을 미워할수록 하나님이 우리를 더 인정할 것이라는 잘못된 개념을 가르치곤 한다. 이렇게 잘못된 가르침은 하나님의 자녀가 된 우리 자신의 가치를 격하시키게 마련이다.

즉, 이러한 기만은 인류를 향한 하나님의 의도를 무시할 뿐 아니라, 오늘날 교회가 성장하는 데도 방해가 된다. 또한 우리 사회는 자기 사랑의 개념을 뉴에이지 운동이나 세속 사회의 주류를 목표로 하는 유명한 자기성장 그룹들에게 기꺼이 항복하려는 위험에 처해 있다. 여러 면에서 우리는 그리스도를 통한 용납의 메시지를 세상에 전할 권리를 양도했고, 나 자신이나 남을 향한 열정 없는 복음에 안주해 있다. 하나님께서 교회에 맡기신 사랑의 메시지는 자기 사랑이 더 이상 우리 신앙 체계의 중요한 부분이 아닌 것처럼 재정의 되었다.

부정적인 몸의 이미지

자신을 사랑하고 용납할 수 없는 능력은 영적인 문제일 뿐 아니라 현대 세계에 편만한 문화적 문제이기도 하다. 어디를 둘러봐도 보통 사람은 완벽한 체형과 얼굴 모습에 비교될 수가 없다.

우리는 매일 완벽한 몸을 가진 사람들을 보여주는 TV 광고, 빌보드, 잡지의 공세를 받으며 우리 자신은 그렇게 완벽하지 않다는 것을 깨닫게 된다. 이렇게 외모에 대한 비현실적인 기준을 갖게 되면서 우리는 자기 몸에 대하여 정신적으로 사회적으로 건강하지 않은 부정적인 이미지를 갖게 된다.

이 문제는 오늘날 전 세계의 유행병처럼 퍼져 있고 미국 문화에 현저하게 나타나고 있다. 사실 미국에서는 우리가 겉으로 완벽하게 보이지 않으면 스스로에 대해서 좋게 느낄 수 없다는 잘못된 개념이 퍼져 있다. 대부분의 경우, 사람의 가치는 체형과 옷을 어떻게 입는지, 머리 스타일은 어떤지로 측정될 뿐, 그 사람 속에 뭐가 있는지로 측정되지 않는다. 유행을 잘 따르고 완벽한 체형을 가진 사람이 더 성공하기가 쉽다는 착각을 일으키게 하고, 반면 "패션모델"같지 않은 보통의 외모를 가진 사람은 우리 몸에 아주 해로운 자기혐오에 휩싸이게 된다.

오늘날 문화에 편재한 정신적, 감정적 불안정의 대부분 요인은 이렇게 낮은 자존감과 자신의 외모에 대한 부정적 이미지 때문이다. 완벽한 외모를 만들어낼 수 없는 무능함을 내면화시킨 사람들은 낙심하여 희망을 잃고 우울증, 불안, 정신병, 기타 정서적, 심리적 장애로 고통을 겪는다. 자기 존재의 엄청난 독특함을 부여잡기보다는 깊은 정신적 괴로움에 빠지며 자신을 싫어하게 되고 만다.

오늘날 사회 깊숙이 물들어 있는 이러한 잘못된 기준에 대해서 누가 비난받아야 하는가?

자신의 가치를 돌보는 것은 모두 우리 자신의 책임이지만, 우리는 "미모의 기준"을 비현실적인 수준으로 올려 놓은 사람들에게 많은 영향을 받고 있다. 슬프게도 이 불가능한 기준의 표적이 된 청중은 자기를 지워 없애는 여자들이다. 이들은 완벽한 모습을 만들어 내면서 돈을 받는 무비 스타 혹은 잡지 모델들과 자신을 비교한다.

도브 비누의 최근 설문조사에 따르면, 모든 여성은 자신의 코, 입, 눈, 발, 가슴, 다른 신체 부위의 모양과 크기를 부정적으로 본다는 안 좋은 결과가 나왔다. 전 세계의 여성을 대상으로 한 이 조사에서 사람들은 자신의 외모에 대해서 어떻게 생각하는지 물어봤다. 놀랍게도 겨우 2%만이 자신을 아름답다고 했고 9%만이 매력적이라고 묘사했다. 43%는 자연스럽다(natural)는 표현을 썼고 24%는 보통이라고 썼다.

이 조사 결과는 참으로 믿기 어려울 정도이고 미국에 5천명이나 되는 성형수술 의사들이 왜 그리 바쁜지 설명해 준다. 수백만의 미국인들은 자신의 외모를 바꿔서 환상적인 이미지를 갖기 위해 설계된 각종 시술을 위해 수십억 달러를 쏟아 부을 것이다. 미국의 미용 성형 수술 협회에 따르면, 여성들이 가장 많이 하는 수술이 지방 흡입술, 가슴 확대 수술, 쌍꺼풀 수술, 복벽 제거 수술, 주름살 제거 수술이다. 또한 점점 더 많은 남자들이 여러 가지 성형 수술을 받고 있는데 그 중에는 콧대 수술, 가슴 축소, 머리카락 회복 수술 등이 있다.

자부심 메이크업

이들 중 어떤 것이 용납할만한 것이고 어떤 것이 허영이라고 할 수 있을까?

나는 성형외과 의사를 깊이 존경하고, 심각하게 외모가 기형으로 된 부분이 있는 사람들이나 기형으로 태어난 아이들에 대해서 시술을 할 수 있다는 점에 대해 참으로 감사한다. 또한 사고나 다른 일로 몸이 기형이 된 사람들이 재건 수술을 받을 수 있다는 점에 대해서도 감사한다. 또한 나이 든 분들이 나이 드는 것에 대한 부정적인 영향을 갖고 있을 때 이것이 도움이 될 수도 있겠다. 이것이 우상만 되지 않으면 말이다.

> 우리 대부분은 외모의 "극심한 메이크업"보다는 내면의 "자부심 메이크업"이 필요하다.

내가 아는 대부분의 사람들은 체형의 "극심한 메이크업"보다는, 내면의 "자부심 메이크업"의 차원에서 유익함을 더 얻는 것 같다. 더 젊은 외모를 유지하고 싶은 마음을 존중하는 만큼, 우리는 자신의 외모에 대한 지나친 집착에 빠지지 않도록 마음을 지켜야 한다. 결국 허영으로 우리 몸을 극단적으로 변형시킨다는 것은 우리를 다른 사람들과 다르게 독특하게 만드신 창조주 하나님에 대한 모욕이 될 수 있기 때문이다.

내가 우리 와이프 로라와 데이트하기 시작했을 때 이 진리는 실제적으로 다가왔다. 나는 언제나 내 뾰족한 코가 싫었고 그녀와 함께 있을 때면 언제나 이 점이 신경 쓰였다. 그녀에게 보이는 내 얼굴이 좀 더 완벽하지 않은 것이 불만스러웠다. 그런데 몇 주가 지난 후 로라의 고백을 듣고 나는 기절하는 줄 알았다. "자기 얼굴 옆모습이 너무 맘에 들어요. 특히 코가 말이에요. 저는 항상 자기와 같이 코가 큰 남자가 매력적이더라구요. 정말 남자가 강하고 멋지게 보이거든요."

그게 다였다! 그 때 이후로 나는 완전히 그녀에게 녹아 버렸다. 나의 열등감에도 불구하고 그녀가 하나님께서 나를 사랑하신 것처럼 사랑했다는 것을 알았다. 나의 웃기게 생긴 코도 포함해서 말이다. 하나님의 도우심으로 나는 "페이스 리프트(face lift-주름살 제거)"가 아니라 "페이쓰 리프트(faith lift-믿음 승진)"가 더 필요하다는 것을 깨닫기 시작했다. 물론 사회적인 기준에서 보면 나는 잘생긴 것과는 아주 멀었지만 와이프가 나의 매력에 대해서 알아준다면 나도 피조물을 자신의 형상으로 신기하고 묘하게 지으신 하나님의 창의력에 믿음을 가져야만 할 것이다.

로라에게도 이것은 똑같이 적용된다. 로라는 아주 아름다운 여성인데, 가끔가다 자기의 외모에 대해서 불만스러워하는 부분이 있다. 최근 자신이 나이가 들어가는 것에 대해서 열등감을 느끼곤 할 때, 아름답게 늙어가고 있으니 아무것도 바꾸지 않아도 된다고 말해주곤 한다. 솔직히 나는 아내의 외모에 대해서 바꿔야 할 데라고는 하나도 찾을 수가 없다. 나는 아내의 모습 그대로가 좋고, 아내가 방에 걸어 들어올 때면 내 심장이 뛰곤 한다. 아내는 정말 창조주 하나님께서 내게 주신 특별하게 아름다운 선물이다.

"나 정말 특별하지 않아요?"

가장 가까운 몇몇 친구들에게서 나는 자기용납에 대한 큰 교훈을 배우곤 하는데, 밥 존스라는 유명한 선지자에게서 가장 기억할 만한 것을 배웠다.

밥은 여든의 나이에 쾌활하고 현실적인 남부의 기질을 가졌고, 애들이 가장 좋아하는 할아버지가 될 만한 사람이다. 그의 머리는 숱이 많아 하얗게 빛나며, 잊을 수 없는 목소리와 따뜻한 미소, 완벽한 옆모습의 그를 내 아내는 "정말 멋진 분"이라고 한다. 이 분을 처음 만나면, 그 쾌활한 성격이 즉시로 당신의 마음을 사로잡을 것이다.

밥은 신학적으로 훈련을 받지도 않았고 언변에 뛰어난 것도 아니다. 하나님께서 보여 주신 환상이나, 그분과의 만남에 대해서 늘 자세히 설명하려고 시간을 보내는 분도 아니다. 그런데도 초자연적인 영역에서 밥이 이루어 놓은 풍성한 역사로 말미암아 그는 오늘날 가장 뛰어난 예언사역의 대가가 되었다. 다른 많은 이들과 같이 나는 그의 인생 경험으로부터 너무나 귀한 교훈을 배우게 되었고, 하나님의 영에 대해서 내가 지적으로 이해하게 될 것보다 더 많은 것을 이 사람에게서 깨닫게 되었다.

얼마 전에는 한 컨퍼런스의 강사로 밥과 그의 아내 보니와 함께 일하는 동안, 이장의 주제를 생각해 보게 하는 너무나 귀한 교훈을 얻게 되었다. 일은 컨퍼런스 첫날 밤에 시작되었다. 우리 호텔에서 컨퍼런스 장소까지 도착하기 위해서 긴 복도를 걸어가야 했는데 거기는 바닥부터 천장까지 거울로 덮여 있었다. 정말 끔찍했다! 로라와 나는 거울에 우리의 모습이 낱낱이 비취는 것을 보고 사실 괴로웠다. "공포의 복도"(우리가 그렇게 불렀다)를 지날 때마다 우리는 불평을 하기 시작했고 모임 장소에 도착할 때까지 다른 데를 쳐다봤다.

마지막 날 저녁까지 밥은 우리가 매일 저녁 불만스러워하는 것에 대해서 들었고 우리에게 교훈을 가르치기 위한 기회로 삼았다. 그 복도를 반쯤 걸어왔을 때, 그는 우리에게 멈춰서 자신의 모습을 보라고 하는 것이었다. 우리를 웃기려고 그는 모델 흉내를 내기 시작했다. 옆으로 서서 그의 옆모습을 보게 했다. 그리고는 반짝이는 눈으로 약간 불룩한 배를 두 손으로 두드리며 이렇게 말했다. "나를 보세요! 나 정말 특별하지 않아요? 나는 정말 너무 사랑스러워요! 우리 아빠가 나를 완벽하게 만드셨어요. 그분이 원하시는 대로 말이죠. 오오, 나는 우리 아빠에게 너무나 아름다운 존재에요, 그리고 두 분도 마찬가지구요!"

나는 이렇게 생각했다. 도대체 무슨 말씀을 하시는 거야? 정말 자신이 그렇게 매력적이고, 하나님께서 자신을 그렇게 사랑하신다고 믿는 걸까?

그런데 갑자기 벽돌 무더기가 위에서 와장창 무너지는 느낌이 들면서 정신이 났다. 나와 이 기이한 분과의 현저한 차이점을 깨닫게 된 것이었다. 내가 사람들을 사랑하기는 했지만 내 자신의 인생에 분명하게 나타난 하나님의 무조건적인 용납을 깨닫지 못하고 낮은 자존감으로 끊임없이 싸우고 있었던 것이다. 한편 밥은 자신의 외모에 대해서 만족하고 하나님께서 밥 자신에 대하여 기뻐하신다고 정말 믿고 있었다.

밥은 이 세상 많은 사람들이 자신을 평범한 사람으로 본다 해도 하나님의 독특한 피조물이라는 현실을 깨달은 것이다. 그의 인간적인 불완

> 내가 하나님의 형상으로 창조되었다면 하나님의 일부는 내 모습과 같다.

전함에도 불구하고 밥은 그 사실을 절대적으로 확신했다. "하나님 아빠(밥은 하나님을 종종 이렇게 부른다)는 우리를 만드신 모습 그대로 사랑하시고 너무나 아름답다고 하신다."

믿지 않으실 지도 모르겠지만 나는 그 모임을 떠나면서 강한 확

신을 갖게 되었다. 내 영혼은 밥이 소유한 그 계시에 사로잡혔고, 남은 평생을 살아남기 위해서는 내 존재의 독특한 가치를 깨달아야만 한다는 것을 알았다. 어렸을 때부터 익숙했던 자기를 혐오하는 마음을 떨쳐버리고 하나님의 용납에 대해서 배워야 했다. 아무리 비용이 많이 들고 불편할지라도, 내가 이 계시를 부여잡을 수 있을 때까지 이 놀라운 사람 곁에 있기로 결심을 했다.

하나님의 눈동자

수년간 밥은 나에게 거의 이해할 수 없으리만큼 자기용납의 진리를 나에게 보여 주었다. 나는 밥이 허튼 소리를 할 사람도 아니고, 자기 가치를 외모로 판단하는 사람도 아니라는 것을 안다. 그럼에도 불구하고 그는 인간으로서의 자신의 가치를 너무나 잘 깨닫고 있으며, 우리는 "하나님의 눈동자"만큼이나 귀하기에 그보다 못하다고 하는 거짓말에 저항하는 것을 배웠다.

밥의 예를 따라 나는 이 진리의 중요성을 배우고 있으며, 하나님을 사랑하지만 자신을 혐오한다면 그것은 진짜 거짓말이다. 내가 하나님의 형상으로 창조되었다면 하나님의 일부는 나와 같이 생긴 것이다. 이 말은 하나님을 진정으로 사랑하기 위해서는 내가 나를 사랑해야만 한다는 뜻이다. 여기에는 예외가 없다. 나의 약점과 한계에도 불구하고 나는 내 모습 그대로를 용납해야 한다.

하나님께서 싫어하시는 우리의 타락한 본성의 죄까지도 용납해야 한다는 얘기가 아니다. 성숙함으로 자라가지 못하게 하고 정직한 삶을 살지 못하게 하는 인격의 결함이나 연약함을 무시해도 좋다는 말이 아니다.

우리의 마음에서 영적인 성장을 방해하는 어떤 것들은 모두 바뀌어야만 한다. 하지만 우리의 몸이나 외모에 대해서 할 수 있는 것이 어느 정도 한계가 있다. 바울은 이 문제를 로마서 9장 20절에서 분명히 언급하면서 지어진 것이 지은 자에게 "왜 나를 이렇게 만드셨냐?"고 따질 수 없다고 말한다. 그리고 21절에서는 주인 토기장이가 같은 진흙덩이로 다른 모양의 그릇을 만들 권리가 있다고 말한다.

이 현실은 나사렛 예수의 인간성을 통해서도 여러 번 드러났다. 놀랍게도 이사야 53장 2절에서는 오시는 메시아가 그렇게 미남이거나 많은 사람들을 매료시킬 만큼 외모가 뛰어나지 않다고 예언한다. 예수님은 가장 높으신 하나님의 성육신임에도 불구하고 그냥 평범한 육체 가운데 살도록 정해지신 것이다. 분명히 그분은 자신을 하나님의 귀한 아들로 받아들이셨고, 자신의 평범한 외모를 하나님 아버지의 독특한 예술적 표현으로 받아들이신 것이다.

하나님의 아들딸로서 우리도 자신의 외모에 대해서 받아들여야만 한다. 우리 주님처럼 우리는 우리 개성의 독특함에 대해서 마음에 만족함이 있어야 한다. 내 외모에 결함이 있다든가 내가 지음 받은 모습을 바꿔야 한다는 거짓말에 저항해야 한다. 우리가 이 현실을 부여잡으면 모든 사람의 얼굴에서 하나님의 모습을 볼 수 있을 것이다. 또 우리가 거울을 볼 때도 그럴 수 있을 것이다.

고찰

얼마나 많은 사람들이 이 장에서 다룬 교훈을 깨닫지 못하고 살아가는지 참으로 놀랍다. 자기혐오는 자존감의 빛을 절망이라는 흑암의 구덩이로 삼키는 블랙홀이라는 사실에 대부분이 무지하다. 여기는 한 줄기 희망도 새나가는 것이 불가능한 곳이다. 그들은 자기혐오가 정서적 학대와 같다는 사실을 깨닫지 못하는 것이다. 그래서 자기혐오는 하나님의 형상을 따라 사람을 지으신 창조주께 모욕이 되는 것이다.

앞에서 논의한 바와 같이 자기용납은 그 반대다. 성 어거스틴(Augustine)은 이것을 다음과 같이 아름답게 표현했다. "사랑으로 가득한 사람은 하나님 자신으로 가득하다." 나는 이 단순한 메시지에 동의하고 하나님의 사랑을 받고 줄 줄 아는 능력은 오직 자신을 사랑하는 능력이 부족할 때만 문제가 된다는 것을 믿는다. 우리가 자신을 사랑할 수 없으면 하나님과 그분의 피조물을 사랑하는 것이 너무나 어렵다. 테레사 수녀가 말한 것처럼, 요지는 "하나님이 우리를 창조하신 것은 사랑하고 사랑을 받으라고 하신 것이다"가 된다.

거듭 말해서 인간성 안에 드러난 신성을 보지 못하게 하는 자기혐오의 악순환을 우리는 끊어야 한다. 우리가 자신을 사랑하고 용납할 때, 창조주 하나님을 부여잡고 하나님 아들의 구원을 통한 우리의 운명을 터치할 수 있는 것이다.

제5장

진정한 존재

"인간이 자신의 모습을 기꺼이 받아들일 수 있다면 진정으로 행복할 수 있다."
_데시데리우스 에라스무스(Desiderius Erasmus) 네덜란드 인본주의자, 신학자

우리가 자신의 독특한 외모를 받아들이듯이 자신의 특별한 개성도 용납해야 한다. 인생에서 당신의 궁극적인 목적은 자신의 모습을 찾을 때 이루어지지, 존경하는 타인의 자질을 흉내 냄으로써 이루어지는 것이 아니다. 당신의 진정한 존재는(인격과 성격, 은사, 기타 독특한 존재의 모습이 어우러진 것) 오직 당신만이 소유하는 것으로서 값으로 따질 수 없는 가치가 있기 때문이다.

실제적이고 철학적인 차원에서 진정함의 개념을 이해하는 것과 진정함에 대해 그저 이야기하는 것은 다른 것이다. 실제적인 차원에서 대부분의 백과사전과 다른 사전들은 진정함을 모든 거짓과 사기가 단순히 없는 상태, 어떤 개념이나 존재에 있어서 그 기원의 진정함이라고 정의한다. 예술이나 음악과 같은 창의적인 기술에서

진짜라 함은 작가가 원래 만든 처음 작품인지와 아무도 논쟁할 수 없으리만큼 다른 작품과는 명확하게 구별되는 것을 말한다.

철학적인 개념에서 인간의 존재와 관련하여 진정성의 의미는 좀 더 복잡해진다. 실존주의 철학에서 사용된 것 외에는 진정성의 현대적 의미가 어디서 나왔는지 결정하기가 어렵다. 이 철학은 정통 종교와 분리되어, 자신의 유익이 절대적으로 가장 중요하다고 보는 인본주의적 관점에서 인생의 의미를 접근한다.

사실 방금 언급한 자아에 대한 실존주의적인 관점과 같이 전통적인 종교를 대치하는 많은 것들이 대부분 지난 100년 동안 출현했다. 이 견해는 주관성이라는 그들의 구원방식을 통해 의미를 강조하는 실존주의자들에 의해 널리 알려졌다. 실존주의자들의 목표는 자기 자신의 정체성과 자유함을 자기 자신의 목표에 완전히 헌신하는 데서 찾는다.

사실 많은 실존주의자들은 의식 있는 자아를 세상의 모든 인간이나 물체와는 분리된 독특한 존재로 본다. 이 철학은 진정한 인간이 기계적인 산업 사회에서 한 역할 혹은 부품 정도가 되어서는 결코 만족할 수 없고 완전한 독립 상태에 달해야만 자유하게 될 수 있다고 주장한다. 그래서 진정성은 하나님이나 타인과 상관없이, 자기 자신의 존재에 진정한 정도가 결정되는 것이다.

진정함의 영역

진정한 존재에 대한 나의 간단한 견해는 다음과 같다.

먼저 나는, 우리가 자신을 단순히 발견하고 받아들일 때 진정성을 이룰 수 있다는 철학에 강력히 반대한다. 먼저 말한 것처럼 이러한 구원론은 자기중심적이며 하나님이나 사람들을 사랑할 여지를 전혀 주지 않는다. 의미 없고 완전히 이기적인 라이프스타일을 강조하면서, 우리를 사랑하시는 창조주 하나님의 본성에 문외한인 자기도취의 위험한 형태이다.

반대로, 참된 진정성은 우리 안에서 하나님을 발견하고 하나님과 인간이 하나가 될 수 있다는 현실을 받아들일 때 얻을 수 있다. 이 진리 안에서 우리는 이것이 단순히 자아의 인식이 아니라 우리에게 진정한 생명을 주는 그리스도와의 연합이라는 것을 발견한다. 모든 면에서 이렇게 하나님과 연결될 때 현대 실존주의 철학의 오류를 범하지 않고, 창조주 하나님과의 하나됨을 통해 우리가 누구로 창조되었는지를 발견할 수 있게 된다.

간단히 말해서 참으로 진정한 존재는 자기에게 집중하기보다는 하나님께 집중함으로 얻게 된다. 우리는 하나님과 동행하는 가운데 내가 누구인지를 발견할 때만이 진정한 나 자신이 된다. 당신의 잠재력, 은사, 궁극적인 운명은 모두 하나님과의 교제에 달려 있다. 궁극적으로 당신의 존재와 목적은 당신의 현재와 미래의 현실을 열심히 지어가기 원하시는 하나님과의 관계에서 나오는 것이다. 결과적으로 그 과정에서 당신이 찾는 진정한 자아는 사회의 발전 가운데 맡게 되는 당신의 역할과 그 가운데 당신이 독특하게 기여하는 것을 통해 표현된다.

여기서 현대 인간은 두 가지 중 하나를 선택할 수 있다. 당신은 실존주의 철학이라는 모래상자에서 놀면서 자신을 위해서 살 수가 있다. 아니면 자신의 진정한 존재를 부둥켜 안고 인생에서의 참된 의미를 찾을 수 있다.

당신이 첫 번째를 선택한다면, 틀림없이 목적 없이 살게 될 것이다. 하나님 없는 자아가 얼마나 소망이 없는지 잘 보여주면서 말이다. 당신의 존재는 소중하지만 당신의 삶은 하나님중심 가운데 걸어가야 할 운명의 고작 그림자밖에 안될 것이다.

두 번째를 선택한다면 당신은 중요한 인생을 살게 될 것이다. 보통의 선을 넘어서 존재의 참된 의미를 발견하게 될 것이다. 진정한 삶의 지금 이 자리에서부터 확실한 방향이 나오게 될 것이다. 하나님이 설계하신 당신의 진정한 존재가 뚜렷하게 보일 것이다. 당신 존재의 모든 의미들이 자신의 독특함을 외치며 그 삶은 세상에 특별한 선물임을 보여줄 것이다.

이것이야말로 진정한 존재를 가장 잘 보여주는 것이다!

내가 되기

이와 마찬가지로 또 중요한 것은 우리가 자신의 개성을 표현해야만 한다. 진정한 나 자신의 가치와 하나님이 주신 독특함을 깨닫는 것만으로는 충분하지가 않다. 다른 사람들 앞에서 나의 모습을 발휘하며 살아야만 한다.

왜냐하면 우리 인생에 맡겨진 하나님의 독특한 부분을 표현하지 못할 때, 세상은 내 안에 있는 하나님의 특별한 부분을 결코 보지 못하기 때문이다. 당신이 죽을 때, 하나님의 신성한 특성과 당신의 독특한 성격이 어우러진 이 세상에서의 유일한 존재가 죽는 것이다. 그분의 창의적인 예술품에 드러난 인생 가운데 창조주 하나님이 어떻게 나타나는지 볼 수 있는 기회를 잃어버리게 된다.

> 당신만이 이 세상에 기여할 수 있는 것을 다른 사람이 한다는 것은 불가능하다.

게다가 당신의 독특한 존재를 통해 볼 수 있는 하나님의 특별한 모습은 역사 가운데 다른 어떤 사람을 통해서 결코 같은 모습으로 나타날 수 없다. 다른 사람들이 시도를 할 수도 있고 당신이 하는 것처럼 해 볼 수도 있겠지만, 당신보다 잘 할 수도 없고, 당신이 하는 것처럼 정확히 할 수도 없다. 당신의 독특한 은사와 성격, 당신을 참으로 특별한 사람으로 만드는 생명의 호흡이 없으므로 그것들은 제한된다. 이러한 제한사항들로 말미암아, 당신만이 이 세상에 기여할 수 있는 것을 다른 사람이 한다는 것은 불가능해지는 것이다.

어렸을 때, 나는 자신이 된다는 것의 의미를 이해한 독특한 사람의 인생에 펼쳐진 현실을 보았다. 그의 이름은 제임스 랜돌프였다. 그는 나의 멘토이자 목사님, 가장 중요하게는 나의 아버지였다. 그분은 내게 내 자신이 된다는 것의 가치를 가르쳐 주었고 획일성에 젖은 세상을 따라가는 것이 얼마나 쓸모없는지 내게 보여주셨다. 그분은 하나님께서 자신의 인생이 무엇이 되도록 만드셨는지 발견하기로 결심했고, 내게도 그렇게 하도록 자주 격려해 주셨다.

아버지는 달랐다! 사실, 우리 교회의 많은 사람들은 그가 너무 달라서 고집스럽다고까지 생각했다. 문제는 설교를 큰 소리로 하고 연설조로 강단에서 설교하는 시대에 사셨지만 그 당시의 설교 스타일을 흉내 내기를 거부하셨다. 조용조용히 설교하는 것이 합법적이 되기 훨씬 이전에, 아버지는 바지 주머니에 손을 넣은 채로 강단에서 조용한 소리로 말했다. 아버지는 절대로 소리를 높이거나 갑자기 움직이거나 하지 않고, 눈물을 흘리며 하나님의 사랑에 대해서 다정다감하게 이야기하곤 했다. 상상이 가시겠지만, 그의 부드러운 태도는 당시 오순절 교단의 특징과 같은 큰 목소리의 심판적인 설교와는 아주 대조되는 것이었다.

아버지는 또한 삶의 많은 다른 면에 있어서도 달랐다. 교육은 거의 받지 않으셨지만, 정서적, 영적 IQ는 말 그대로 최고였다. 인간으로서, 사역자로서, 그는 남을 흉내 내지 않았다. 자신의 마음에 비추어 정직하게 거짓이 없이, 감히 자신이 되고자 했다. 강을 역류하는 물고기처럼 아버지는 자기 자신의 확신 가운데 살았다. 동료들에게 용납 받고자 가짜로 흉내를 내기보다는 진짜가 되어

거절당하고 외로운 고통을 당하는 것이 낫다고 믿었다.

다르지만 본래 자신의 모습으로

우리 아버지 성격 중 또 다른 특성은 색다른 유머였다. 가끔 가다가 완전히 "틀을 넘어선" 일을 하시곤 했다.

부활주일에 우리 집 앞마당에서 점심을 먹을 때 일어났던 아주 즐거운 기억이 있다. 많은 친척들이 모였는데 거기에는 고모, 이모, 삼촌, 고모부, 사촌들, 할아버지, 할머니들이 있었다. 서로 말을 안 해서 분위기가 이상해지자 아버지는 재빨리 집안으로 사라졌다. 놀랍게도 몇 분 후에 아버지는 인디안 추장 복장을 하고 나타났다. 어머니의 목걸이를 걸고 어깨에다 담요를 두르고 머리에는 싸구려 스카프로 머리띠를 두른 후 큰 깃털을 옆에 꽂았다. 과장된 목소리로 사투리를 써가며 우리에게 이야기하기 시작했다.

예상했지만 친척들은 어떻게 반응해야 할지 몰랐다. 그저 땅만 바라보며 눈만 껌벅였다. 어머니는 원래가 수줍어하는 성격인데, 완전히 당황해서 말을 더듬거렸다. "어, 어, 여보, 그게 뭐…" 하지만 나는 너무 우스워서 막 웃기 시작했다. 지금까지도 지루했던 부활절 저녁이면 아버지가 그 특이한 유머감각으로 맛을 더해 주던 기억으로 미소 지을 때가 많다.

왜 아버지는 그런 일들을 했을까? 잘 모르겠지만 한 가지 확실한 것은 아버지가 너무나 심각하다 못해 지루한 교회 문화 가운데 살았다는 것이다. 어쩌면 그것이 아버지에게는 종교적인 틀을 벗어나고자 하는 방식이었는지도 모른다. 아니면 잔뜩 긴장되어 있는 우리 식구들의 분위기를 깨보려는 그분만의 방식이었을 수도 있다.

이유야 어떻든 간에, 나는 항상 아버지의 특이한 성격을 존경했고 "아버지와 꼭 닮았다"고 놀림을 받은 적이 많다. 하지만 나는 아버지의 아들인 것이 자랑스럽다. 아버지의 본을 따라 나의 특이한 유머감각이 귀하다는 것을 배웠다. 하나님을 내가 그렇게 드러내야 하는 것이 아니라 하나님께서는 나를 통해 그분 자신을 그렇게 드러내기 원하신다는 것을 보기 시작했다. 이 부분이 내 성격의 가벼운 면을 보여 주는 것이라도 말이다.

어쩌면 우리 아버지는 가끔 좀 심했는지 모른다. 하지만 아버지는 내게 내 자신이 될 수 있는 자신감을 주셨다. 그것이 다른 사람들과는 너무 다른 모습일지라도 말이다. 그렇게 유명하게 돌아가신 것은 아니지만, 그분은 그야말로 자신의 가치를 알고 사신 분이셨다. 사실 그분의 독특한 삶에 대한 추억은 내 기억 속에 여전히 살아 있어서 남의 흉내로 가득 찬 이 세상 가운데 나만의 모습으로 살 수 있도록 늘 잊지 않게 해준다.

진짜

몇 년 전에, 아버지의 삶을 되돌아 보면서, 아버지와 우리 할아버지가 자주 쓰셨던 구절이 생각났다. 뭔가 혹은 누군가가 정말 진짜라고 생각되면 두 분은 이렇게 얘기했다. "거 진짜구만(That's the real McCoy)." 두 분은 정말 진짜인 것을 알아보는 특이한 능력이 있는 것 같았고 아주 멀리서도 가짜를 알아 보셨다.

진정한 삶을 경험하기 위해서는 복제품으로 가득한 세상에서 자기 자신의 모습으로 살아야만 한다.

지금 내가 그것을 생각해 보면 이 애매한 구절을 쓰기 시작한 것이 아버지인지 할아버지인지 잘 모르겠지만, 이 관용구는 "진짜"라는 뜻으로 옛날에 널리 사용되었다. 뭔가 물건이나 사람이 진품일 때 하는 말이다. 누가 이 관용구를 써서 "진짜구만"하면 이게 "진품"인 것을 뜻했다.

이 관용구가 어디서 나왔는지는 확실하지 않지만 많은 사람들이 "the real McCoy"라는 관용구가 미국인 권투선수 키드 맥코이(Kid McCoy)의 이름에서 딴 것이라고 주장한다. 그는 1800년대 후반에 웰터급(체중 61-67kg) 챔피언을 딴 사람이다. 그는 상대방 선수를 빠르고 힘 있게 쳐서 쓰러뜨릴 수 있는 강력한 선수로 유명했다.

그래서 이 유명한 맥코이 이름을 따서 권투하는 사람이 너무 많이 나타났기 때문에 이 맥코이는 "진짜 맥코이"라고 불러야만 했다. 술집에서 맥코이를 귀찮게 하던 어떤 남자에 대한 이야기가 있다. 이 사람이 맥코이를 성가시게 할 때 누군가 옆에서 그 사람이 그 유명한 키드 맥코이라고 말해 주자, 그는 껄껄대며 챔피언쉽에 도전하겠다고 했다. 한 대 얻어맞고 난 후 쓰러졌다가 의식이 돌아

왔을 때 하는 소리가 "어, 그 놈이 진짜 맥코이였네" 했다는 것이다.

끝없는 흉내와 모방으로 가득한 현대 사회에서 이 이야기가 전해주는 바는 무엇인가? 대개, 모방의 문화 가운데 성장한 사람들은 가짜를 봐도 잘 참는다. 이것은 특히 요사이 젊은 세대들 가운데 더욱 그러한데, 이들이 왜 그리도 불만스러워 하는지를 잘 설명해 준다. 젊은이들은 대개 가짜로 보이는 것에 금방 지루해 하고 뭔가 진짜에 대한 깊은 열망이 있는 것 같다.

나도 십대였을 때 진짜에 매력이 끌렸다. 사실 코카콜라 광고에서 "이게 진짜…"라고 노래하는 것을 들었을 때, 내가 탄산음료를 마시던 버릇을 하룻밤 사이에 바꿔버리고 싶은 충동이 들었다. 그 매력은 음료수의 맛과는 전혀 상관이 없고 흉내 내지 않은 뭔가 진짜를 경험하고 싶다는 생각과 관련된 것이었다. 마케팅 전략에 지나지 않는 것이었지만 나는 금방 걸려 들어갔고, 뭔가 진짜를 얻기 위해 내 라이프스타일을 기꺼이 바꾸고자 했다.

내 생활을 보면 지금도 마찬가지다. 지금은 좀 그런 부분에 대해서 여유가 있기는 하지만, 진짜에 대한 나의 열정은 여전히 내가 하는 모든 일 뒤에서 밀어주는 힘이 되고 있다. 그런 열정을 "진짜 맥코이"가 되고자 하는 열정 혹은 "진짜"에 대한 갈망이라고 해도 좋겠다. 하지만 아버지처럼 유명한 복제품이기보다는 무명의 진품이 되고 싶다. 사실, 솔직하지 못한 흉내내기를 피하기 위해서라면 아무리 먼 길이라도 돌아갈 용의가 있다. 감사하게도, 나는 진짜와 가짜 모조품의 차이를 구별하는 것이 얼마나 중요한지 배웠기 때문이다.

앵무새같이 남을 따라하는 것

몇 년 전, 어떤 친구와 대화하면서 진짜를 가리는 문제에 대해서 깊이 생각하게 되었다. 애완용 앵무새를 키우는 목사님에 대한 재미있는 이야기를 그 친구가 해 주었다. 그 목사님은 금요일 철야 예배를 거실에서 드렸는데 그 거실 새장에 앵무새가 있었다. 별 생각 없이, 목사님은 새장을 열어 놓았는데, 앵무새가 그 모임에서 벌어지는 일을 보고 듣게 된 것이다.

어느 토요일 아침, 새장에서 이상한 소리가 나서 목사님은 잠에서 깼다. 거실에 나가 보니 앵무새가 횃대를 왔다 갔다 하면서 전에 없던 부드러운 소리로 찬송가를 부르더라는 것이다. 그러더니 갑자기 노래를 멈추고 큰 소리로 외치며 기도를 하면서 횃대를 쿵쾅거리며 왔다 갔다 했다. 그렇게 몇 분 크게 기도를 하더니 새는 거룩하게 "할렐루야"의 후렴을 부르더란다.

이 앵무새 얘기를 듣고 재미있기도 했고 한편으로는 괴롭기도 했다. 이 앵무새의 주인처럼 나도 이런 흉내 내는 영성을 본 적이 있기 때문이다. 사실 강단에서 내가 들은 많은 설교 중에는 다른 사람들의 경험에 대한 메아리 정도밖에 되지 않는 경우가 많았다. 물론 이렇게 흉내 내는 것의 대부분이 사실을 전하려는 시도이기는 하다. 하지만 대부분이 놀라우리만큼 남을 모방하는 것에 불과하고 참된 창의성에서 오는 열정이 부족하다.

이 문제에 대해서 최근 다음과 같은 의문들이 생기며 내 마음을 괴롭혔다. 우리는 다른 사람들에게서 배우는 귀중한 삶의 교훈을 무시해야 하는가? 아니면 우리는 타인의 경험을 통해서도 우리가 주인의식을 잃지 않고, 사실을 전달하는 자기만의 독특한 언어와 방식을 이용할 수 있는가?

솔직히 과거에는 이 문제에 대한 내 생각은 반반이었다. 사실을 빌려 쓰는 것은 잘못된 것이 아니다. 특히 내 마음에 진짜가 되는 사실은 말이다. 대부분의 경우, 사람들의 인생을 바꾸며 세대 가운데 전해 내려오는 진리는 그 영과 혼의 진수가 담겨 있다. 가령, 그리스도의 1세기 제자들은 그들의 스승이 하신 말씀을 따라했고 그 결과, 그분의 가르침이 역사 가운데 영과 진리로 보존되었다.

마찬가지로 이렇게 고려해야 할 부분이 또 있다. 타인이 받은 계시를 모아 나누는 것도 축복이지만 거기에는 한계가 있다는 것을 알아야 한다. 내 마음에 진짜인 사실을 표현하는 것과 지적으로 배운 것을 기계적으로 반복하는 것에는 차이가 있다는 것이다. 1세기 제자들은 그저 들은 것을 앵무새처럼 반복한 것이 아니다. 그들은 자기들 삶에 핵심이 된 그 진리를 가지고 섬겼던 것이다.

노래하는 앵무새 이야기에도 동전의 양면이 있다. 우리가 다른 사람의 현실을 흉내 낼 수는 있지만 그것으로는 결코 자신의 창의적인 면을 발견할 수 없다는 것이다. 타인의 경험을 통해서 배울 수는 있지만 우리는 모두 자신의 삶 가운데 스스로의 경험이 필요하다. 그리스도와 같아지는 것 외에는 우리는 남과 같아지려고 애써서는 안 된다. 그렇지 않으면 하나님께서 주신 개성의 은사를 소홀히 하게 되는 셈이다.

고찰

살아가는 문화에 영향을 미치도록 부르심을 받은 사람은 다른 사람의 경험이라는 그림자 아래 살 수가 없다. 하나님의 특성과 본성이 지구상 모든 사람에게 각각 주어졌다는 것을 깨달아야만 한다. 그렇지 않으면 우리는 모방으로 가득한 세상에 하나님의 다양한 창의성을 나타내고자 창조주 하나님께서 택하신 방식을 제한하는 셈이 된다.

엘리야 선지자는 모세가 지진과 바람, 불 속에서 하나님을 만났던 그 신성한 산을 방문해서 이 사실을 깨달았다. 열왕기상 19장 11-13절에서, 주님은 자신을 이 방식들로 엘리야에게 나타내지 않으시고, 조용하고 세미한 음성으로 자신을 나타내셨다. 두 선지자가 같은 산에서 같은 하나님을 만났지만 이 두 사람이 하나님의 전혀 다른 면을 경험한 것은 아이러니이다.

다른 사람이 경험한 산에서 우리가 하나님과의 만남을 찾으려고 해야 찾을 수 없다는 것이 중요한 것이다. 왜냐하면 그분은 창의력의 천재이시기 때문에 다양하고 놀라운 방식으로 우리에게 자신을 나타내시곤 한다. 그 경험 뒤의 하나님은 결코 변하지 않지만 하나님께서 사람들에게 그분 자신을 나타내시는 방식은 다 다르기 마련이다.

  누가 초자연적인 경험을 했다고 해서 나도 꼭 그런 경험을 하리라는 보장은 없다. 나의 진짜 존재를 찾기 위해서는 내가 누구인지, 창조주 하나님의 다양한 표현에 어떻게 연결되어야 하는지 발견해야만 한다. 이 여행의 첫 단계는 하나님께서 오늘날 당신의 삶을 통해 그분 자신을 나타내시려고 선택하신 독특한 방식을 받아들이는 순간부터 시작된다.

제6장

진정한 목소리

"개성은 하나님께서 우리 각자에게 주신 선물이다.
그 개성을 가지고 우리가 무엇을 하는지는 우리가 인류에게 주신 선물이다."

_래리 랜돌프

하늘과 땅의 모든 것들이 다 진짜에 이끌린다. 컨퍼런스 강사로서 나는 있는 그대로의 나 자신을 표현하는 일에 계속 도전을 받는다. 대부분의 경우 청중이 반응하는 것을 보면 내가 내 가슴속으로부터 메시지를 전하고 있는지 아니면 그저 정보를 기계적으로 전달하고 있는지 알 수 있다. 사람들은 타인이 보내온 신호 중 진짜인 것을 알아보고 그것에 반응한다는 것이다. 대부분의 경우 사람들은 진짜인 것에 아주 매력을 느끼고 뭔가 인위적인 것에는 흥미를 잃는다.

이 사실은 우리 생활의 모든 영역에 적용된다. 직업이 세일즈맨이거나, 학교선생, 강사, 목사이든지 간에 쉽지 않은 것은 "진짜 영역"에서 살아가는 것을 배우는 것이다. 내가 진정한 마음일 때 내가 하는 말이 믿을만하고 사람들이 나에게 편한 마음을 가질 수 있다. 세일즈맨이라면 자기 물건을 팔 수 있기 전에 상대방이 그를 먼저 믿을 수 있어야만 한다는 것을 알 것이다. 사람들은 당신이 진짜라는 것을 알 때 당신이 팔려고 하는 것이 진짜라는 것을 믿을 것이다.

내 주변에 이 문제에 대해 혼란스러워하는 사람들을 만나곤 하는데, 두 그룹이 있다. 하나는 본래 진짜 영적인 사람들이고 또 한 그룹은 다른 사람들에게 영적으로 보이려고 남을 모방하는 가짜들이다. 한 그룹은 하나님께서 주신 독특한 삶을 살아내기를 배워간다. 또 다른 그룹은 다른 사람처럼 살기 위해 그들의 인생을 낭비한다.

더 중요한 문제는 두 번째 그룹은 종종 영적인 진정함과 종교적 모방을 혼동한다는 것이다. 왜냐하면 그들은 진짜가 되는 것의 가치를 발견하지 못했기 때문에, 다른 신자들이 빠져 있는 매너리즘을 흉내 내는 경향이 있고, 그렇게 자신의 삶에 부족한 영성을 보상받고자 한다. 처음에 얼핏 보면, 그들의 영성은 진짜처럼 보일 수 있지만 진짜를 흉내 내는 나쁜 것일 경우가 너무 많다.

진짜가 되는 것

이와 같은 시나리오는 삶의 다른 영역들에서도 찾아볼 수 있다. 미국의 대중문화 중에는 가령, 오리지널 연예인 등의 흉내를 내는 사람들이 늘어나고 있다. 이들은 영화배우나 다른 인기 연예인들의 외모 등을 흉내 내는데 아주 전문가들이다. 또 어떤 이들은 목소리 흉내를 너무나 잘 내서 아주 똑같이 성대모사를 하는 경우도 있다.

이들이 다른 사람들의 특성을 그렇게 흉내 낼 수 있는 원인은 본래 신경학적인 데 있다. 신경과학의 분야에서 최근 발견한 내용을 보면 이런 사람들은 자기도 모르는 사이에 두뇌 정면 위쪽의 "거울 신경" 조직을 활성화시켜 자기 주변의 세상을 정확히 흉내 낼 수 있게 된다. 이들은 그 신경에 접근하는 것을 배워서 자기들이 관찰한 사람들이 하는 대로 흉내 낼 수 있게 된다. 결국 이들은 다른 사람들의 말하는 투나 몸짓을 흉내 내기 위한 생물학적인 요령을 터득하는 것이다.

이렇게 흉내 내는 사람들은 아무리 그 능력이 뛰어나다 해도 분명한 것은, 남의 영성을 모방하는 사람들처럼, 그들의 흉내는 오리지널의 진수가 모자라는 모조품에 불과한 것이다. 연예계의 한 친구가 하는 말이 그들에게 필요한 것은 "자신들만의 특기"를 찾는 것이라고 한 적이 있다. 음악가인 그 친구가 가볍게 던진 그 말이 내게는 이렇게 들렸다. "하나님께서 주신 창의력을 남을 흉내 내는 데 사용하지 말고 자기 자신이 되라."

다행히도 이 간단한 지혜는 역사 가운데 많은 위대한 리더들에게 중요한 핵심가치였다. 가장 좋은 예로 2000년 전 나사렛 예수는 자기 자신의 개성을 지킨 것이다. 그분은 분명히 오리지널이 되는 것의 중요성을 아셨고, 결코 "정치적으로 옳은" 군중들의 의견에 휘말려서 자신의 삶과 사역이 나가는 독특한 길에 영향을 받지 않았다. 예수님은 여러 번 특별한 방식으로 행동하시며 희귀한 기적을 행하셨고, 교훈과 비유의 말씀을 하시면서 종교 지도자들의 사회적, 신학적 전통을 전복시켰다. 그분은 참으로 독창적인 사색가였고 남의 사역을 흉내 내는 것은 꿈에도 생각지 않으셨다.

이런 사람들이 역사 가운데 또 있다. 이들은 사회적으로 버림받는 위험을 감수했고, 독창성의 진수를 보여 주었다. 1600년대, 위대한 과학자 갈릴레오는 지구가 평평하지 않고 둥글다는 비전통적인 주장을 했기 때문에 중세 교회의 노여움을 샀다. 종교 기관으로부터 오해를 받고 핍박을 받은 그는 사회의 중심으로부터 고립되고 격리되어 세상사회에 부적응한 삶을 살았다.

그보다 수십 년 전에, 위대한 종교 개혁가인 마틴 루터(Martin Luther)도 당시 교회의 전통적인 교리와 너무나 다른 진보적인 신학으로 당시 교회의 미움을 샀다. 진정한 목소리를 낼 수 있는 용기를 발휘했기에 그는 당대의 비판을 받은 것이다. 그도 역시 많은 종교 지도자들에게 거절당하고 결국은 핍박을 받았다.

다른 독창적인 사상가들처럼 이와 같은 사람들을 보면 지적 영적 진정성은 종교적 교리와 맞지 않을 때가 많다. 역사가 보여주듯이 오리지널 형태는 모두 당대의 신앙 체계에 위협적이며 반대의 홍수와 싸워야 할 때가 많다. 영국 소설가 윌리엄 서머셋 모음(William Somerset Maugham)은 그런 상황을 이렇게 표현했다.

"세상은 대개 독창성을 어떻게 생각해야 할지 모르기 마련이다. 편한 생각의 습관 속에 있다가 깜짝 놀라서는 처음에는 주로 분노하며 반응한다."

목소리인가 메아리인가?

최근, 나는 독창성의 이슈를 다루는 또 다른 이야기를 듣고 도전을 받았다. 두 마리의 고양이와 앵무새 한

> 하나님은 당신이 메아리가 아닌 진짜 소리가 되도록 창조하셨다.

마리를 기르는 어떤 사람의 이야기를 우리 아내가 해 주었다. 고양이 두 마리가 이 사람의 이층 침실의 침대 밑에서 자고 있었는데, 침실 밖에 있는 새장에 살던 앵무새가 부엌을 내다보았다. 이 사람은 매일 아침 출근하기 전에 고양이를 아래층 부엌으로 불러 내려 아침을 먹였다.

하루는 이 사람이 퇴근 후 집에 와서 좀 푹 쉬기를 원했다. 그래서 다음 날 아침 늦게까지 잠을 자고 있는데 갑자기 캔 따는 기계가 윙하고 돌아가면서 캔 뚜껑이 탁 열리는 소리에 잠이 깼다. 놀랍게도 자기랑 똑같은 목소리로 누가 "고양아, 여기 여기, 고양아 여기 여기!" 하는 것이었다. 그러자 고양이 두 마리는 침대 밑에서 나와 아래층 부엌으로 달려갔다. 이 이상한 소리가 뭔가 하고 침대에서 나와 보니, 장난기 많은 앵무새가 캔 오프너의 소리를 흉내 내면서 주인 목소리까지 따라한 것이었다. 물론 이 고양이들은 이

가짜 소리에 속고 만 것이다.

이 이야기를 들으면 두 가지가 분명해진다. 첫째는 엔터테인먼트를 목적으로 하는 흉내는 확실히 엔터테인먼트를 위한 것이라는 것. 사실 내가 좋아하는 타입의 연예인들은 자신의 거울 신경에 접근하는 것을 배워서 자신의 코미디 일상에 이 흉내 내기를 더하곤 한다.

그런데 참 안타까운 것은 많은 설교 강단과, 대학, 정치, 관직, 기타 공공 플랫폼의 많은 위대한 남녀들도 이런 흉내 내기에 뛰어날 수 있다는 점이다. 이들은 앵무새와 같이, 자신이 누구인지보다는 자기가 흉내 내는 타인의 모습으로 자신의 정체감을 결정한다. 그들은 자신의 진정한 목소리를 발견하지 못해서, 타인의 확신을 표현하는 경향이 있고 종종 빈 깡통과 같이 오해할 여지가 있는 정보를 전하곤 한다. 그러면서 모르는 사이에 그들의 인생은 진짜 메시지를 닮은 진짜 목소리보다는 메아리가 되고 만다.

나도 사역을 시작하던 초창기에는 다른 사람들의 사역 스타일을 흉내 내는 잘못을 저질렀다. 종종 너무나 갈급한 사람들은 진정함의 소리라고 믿었던 것에 이끌렸다가 결국 그것이 흉내 낸 것에 불과했다는 사실을 깨닫곤 한다. 되돌아 보면 나의 그러한 모방으로 말미암아 내가 영향을 미쳤어야 했던 이들에게 영향을 제대로 주지 못했고 내 자신의 모습 그대로 사역을 할 수가 없었다는 것을 깨달았다.

하지만 하나님의 도우심으로 이 영역에서 나는 열심히 일하면서 진짜가 되기로 결심했다. 동일함을 추구하는 사회에서 내가 되는 데에는 용기가 필요하다. 또한 성령님께서는 흉내내기의 은사가 아니라 독특한 은사를 내게 주셨다는 것을 깨닫게 된다. 성격과 은사면에서 내 자신이 되는 것은 특권일 뿐만 아니라 절대적으로 필요한 것임을 발견했다.

나는 내가 되고 싶다!

인생에서 가장 힘든 것 중 하나가 흉내 내는 사람들로 들끓는 세상에서 오리지널이 되는 것이다. 타인을 존경할 수는 있지만 그들의 성격이나 태도, 버릇 등을 따라하지 않도록 조심해야만 한다.

윌리엄 세익스피어는 그것을 다음과 같이 표현했다. "하나님은 사람에게 얼굴을 하나 주셨고 사람은 자신을 다른 얼굴로 만든다." 세상은 당신이 다른 사람으로 흉내 낸 얼굴보다는 당신만의 독특한 모습을 필요로 한다. 솔직히 하나님께서 당신을 다른 사람처럼 만들기 원하셨다면, 처음부터 다른 사람처럼 만드셨을 것이다.

이 현실을 바탕으로 볼 때, 우리는 자기 자신의 가치를 깨닫고 우리 존재 깊이 박혀 있는 독창성을 발견하는 것이 중요하다. 우리 속에서 "나는 내가 되고 싶어!"라고 외치는 내면의 소리에 특별한 주의를 기울여야 한다. 사실, 내 자신이 되는 능력을 제한하는 것이 있다면 어떤 것이라도 완전히 포기해야만 한다. 그렇지 않으면 진정한 자신의 존재를 살아내기보다는 그저 타인의 위대함을 꿈꾸며 자신의 인생을 낭비하게 될 것이다.

슬프게도, 너무나 뛰어난 재능을 가진 우리 귀한 친구들 중에는 이 문제로 고민하는 이들이 있다. 머리로는 진정성이 중요하다는 것을 잘 알지만 역사 가운데 유명한 설교가의 업적을 통해 대리로 살아가며 많은 시간을 보내곤 한다. 그들은 타인의 은사에 매혹되어서 과거의 유명한 사역자들의 설교와 저술에 인생을 건다. 그들은 그 과거의 영광의 조각들을 받기를 정말 소망한다.

영적 선구자들의 뛰어난 은사에 대해서 나도 참으로 감사하며 그들이 후세대에 남기고 간 진리의 유산은 진정으로 값진 것이다. 그러나 역사 가운데 위대한 남녀들에게 주어졌던 은사들을 추구하면서 하나님께서 우리 각자에게 주신 목적을 포기해서는 안 될 것이다. 그들의 사역은 그들의 세대에 완벽하게 적합한 것이었고, 그 시대의 상황을 떠난 오늘날의 문화에 미치는 영향력은 적을 수밖에 없다.

자신의 진정한 생을 살아가는 것

인생의 여정에서 우리는 하나님께서 오늘날 우리 안에 행하고 계신 것을 부여잡아야 한다. 그 말은 인생에서 우리 목적은 우리가 살고 있는 시간과 문화와 상관이 있어야 한다는 것이다. 우리가 과거를 존중해야 하고 미래에 대한 흥분된

> 나 자신이 되려면 큰 용기가 필요하다.

기쁨이 있어야 하지만, 우리는 과거가 아닌 현재를 살도록 부르심을 받았다. 사실, 우리가 타인의 경험을 모방하면서 자기 자신의 진정성을 발견할 수 있다고 기대하는 것은 오산이다.

이 말은 우리가 완전히 과거와 연결을 끊어야 한다는 뜻일까?

그렇지 않다! 과거의 진리를 우리의 영적 기초에 투입하는 것은 큰 특권이다. 하지만 백미러만 보면서 자기 인생길을 운전해 가려고 하면 결코 목표지점에 도달하지 못할 것이다. 과거의 사실을 회복시키려 하기 보다는 하나님께서 오늘날 우리의 진정한 목소리를 찾도록 도와주십사 구해야 한다. 인생의 모든 면에서 우리는 우리 자신이 될 수 있는 은혜를 주십사 하나님께 구해야 한다.

대부분, 이 과정은 쉽지 않고 하룻밤 사이에 일어날 수 있는 일이 아니다. 현실적으로 볼 때 진정성에 대하여 사람들이 걸어온 길을 보면 얽힌 데가 많아서, 흉내만 내던 사람이 진정한 자기 삶을 살아내는 사람으로 바뀌려면 보통 평생이 걸린다. 큰 어려움을 무릅써야 할 때도 있고, 자신의 안전지대 밖을 나가야만 할 때도 많다. 하지만 남을 따라 하고자 하는 유혹보다 내 자신이 되고자 하는 열정이 더 클 때, 독특한 존재의 기쁨을 경험할 것이다.

이 여정에 도움이 되기 위해서, 몇 가지 간단하면서도 강력한 조언을 드리고 싶다. 또한 이 진리가 여러분의 진정한 삶을 발견하는데, 그리고 오늘날 세상에 가득한 동일성의 이데올로기를 딛고 일어나는데 도움이 되기를 바란다.

- 언제 어디서든지 내 자신이 되라.
- 자신의 내적 확신에 진실하라.
- 자기 개성의 독특함을 받아들이라.
- 주변의 까다로운 사람이나 상황 때문에 주눅 들지 말라.
- 내가 지으심 받은 모습에 대해 결코 사과하지 말라.
- 하나님께서 당신에게 주신 본능을 신뢰하기를 배우라.
- 나의 독특함을 오해하는 사람들을 두려워하지 말라.
- 나의 개성에 만족하라.
- 다른 사람의 현실을 살려 하지 말라.
- 진짜가 되기로 결심하라.
- 자신을 남과 비교하지 말라.
- 당신의 독창성을 어떤 상황에서도 지키라.
- 나의 창의성이 중요하다는 사실을 경시하지 말라.
- 하나님께서 영감을 주신 현실 가운데 살라.
- 다른 사람의 인생을 모방하지 말라.
- 당신도 한 타입임을 믿으라.
- 자기 개성의 가치를 평가절하하지 말라.
- 감히 달라야 한다.
- 메아리가 아닌 진정한 목소리를 내라.
- 언제나 진짜가 되라.

고찰

이제까지, 여러분이 본서를 읽으면서 남이 생각하는 내가 아닌 진정한 내 자신이 되어야 한다는 생각이 이제 가슴에 사묻히기를 바란다. 자기 개성의 독특함을 완전히 부여안고, 진짜가 아닌 것처럼 보이는 모든 삶의 모습이나 영성의 표현은 모두 버려야겠다. 대부분의 사람들은 진정한 것에 이끌리기 마련이고, 모방한 것에 마음 문을 닫는다는 점을 기억하시라. 이 때문에 진정한 삶을 살기 위한 여러분의 소명은 진짜가 되고자 하는 결단부터 시작되어야 한다.

자신의 독특함을 깨닫고, 하나님께서 만드신 내가 되는 것이 그렇게 중요하다. 자기 자신의 열정을 살아내지 못하고 누군가 다른 사람의 꿈을 추구할 때, 하나님께서 내게 원하신 뜻을 이룰 수가 없다. 창 25장 31절에서 에서가 장자권을 야곱에게 판 것처럼, 하나님께서 주신 유산뿐 아니라 결국은 역사 가운데 서야 할 나의 독특한 자리까지 잃게 된다.

자신의 개성을 받아들였지만 내게 있을 수 있는 영적인 은사들을 어떻게 받는지는 모르겠다고 한다면, 다음 장이 유익할 것이다. 하나님께서 불어넣어 주신 은사들을 발견하고 드러내고 내 삶에 사용하는 것은 너무나 중요하기 때문이다.

Original Breath

제7장

진정한 은사 발휘

"진정한 삶을 살도록 부르심을 받은 만큼 우리는 특별한 은사를 선물로 받았다."
―래리 랜돌프

성경에서 놀라운 개념 중 하나가 인류에게 주어진 은사와 달란트가 다양하다는 점이다. 이 은사들 중에는 태어나면서부터 있는 것도 있다. 어떤 은사는 그리스도께 회심한 이후로 성령님께 받는 경우도 있다. 어떤 경우이든지, 둘 다 하나님께서 주신 자질을 충분히 발휘하고자 하는 이들에게 주시는 하나님의 독특한 선물이다.

에베소에 있는 교회에게 바울은 이 문제에 대해서 강력히 외치고 있다. 에베소서 4장 7절에서 그리스도께서 자비하심으로 모든 사람에게 하나님의 선물을 주셨다고 바울은 강하게 말하고 있다. 나중에 다루겠지만 바울은 로마와 고린도에 있는 성도들에게 쓴 편지에서 "은사는 다양하지만 성령은 하나"라고 했다. 베드로도

이 사실을 베드로전서 4장 10절에서 언급하며, 이 은사들을 받는 이들은 하나님의 풍성한 은혜의 선한 청지기로서 남을 섬기는데 은사를 사용하라고 권면한다.

이 놀라운 구절들을 보면 하나님께서 주신 은사들의 성격에 대해서 여러 가지를 알 수 있다. 이 두 사도가 모두 분명히 말하는 것은 우리가 하늘로부터 유산을 받았다는 점이다. 여기에는 예외가 없다. 아무도 이 분배 과정에서 제외된 사람은 없다는 것이다. 결론은 우리 모두가 아무리 육적이고 영적이고 간에 상관없이 우리 안에 발견할 수 있는 영적 은사의 보물 상자를 갖고 있다는 사실이다.

그러나 이러한 은사들을 깨닫고 받아들이지 못하게 되면 우리가 성공할 수 있는 잠재력을 상실하게 된다. 돛을 달지 못한 배처럼, 하나님의 은사를 깨닫지 못하면 하늘의 순풍이 우리가 가기를 원하는 방향으로 이끌 수가 없다. 따라서 우리 삶 가운데 "영적 은사"를 발휘하면 오늘 여기에서 목적 있는 삶을 살 수 있을 뿐 아니라, 미래의 방향을 잡는 데도 중요한 역할을 하게 된다.

이 사실을 온전히 잘 경험하기 위해서는 이 은사들의 성격과 은사가 어떻게 분배되는지 그 방식을 이해하는 것이 중요하다. 신약의 '은사'(gift)라는 영어 단어는 헬라어 '카리스마'(chrisma)에서 오는데, 그 뜻은 '값없이 주어지는 것'(free endowment) 혹은 '하늘의 선물'(divine gratuity)이다. 현대말로 하자면 레스토랑에서 팁을 주는 것처럼, 호의로 주는 것이다. 두 경우 모두 메시지는 같다. '카리스마 은사'의 단순한 아름다움은 우리가 전혀 비용을 들이지 않고 뭔가를 받았다는 점이다. 이 특권은 우리가 얻을 수 있는 것도 아니고 이 은사를 받을만한 가치가 우리에게 있는 것도 아니다. 은사는 하늘의 호의로 오는 것이고 그리스도의 넉넉하심으로 표현되는 사랑과 같다.

우리가 해야 될 일이라고는 받는 일 뿐이다!

은사 받기

은사를 받을 때 우리가 이해해야 하는 몇 가지가 있다. 신약 전체에 보면 영적인 은사에 무관심한 태도에 대해서 여러 번 경고한다. 마태복음 7장 7절에서 가령, 성령의 은사에 대해서 하나님께 간구할 때 끈질기게 하라고 권면한다. 이 권면과 마찬가지로 바울은 고린도전서 14장 1절에서 "영적인 은사를 갈망하는 것"은 선택이 아니라 성령 하나님의 명령이라고 강력히 말한다.

이 명령을 따르기 위해서, "영적인 은사를 갈망하다"는 헬라어와 영어 단어의 차이를 알면 도움이 된다. 먼저, 영어 단어로 '갈망하다'(desire)는 '소원하다'(wish)는 뜻과 관련이 있다. 감정적인 의미에서 뭔가를 바라거나 갈구한다는 뜻이다. 반대로 영어 갈망하다로 번역한 헬라어의 젤로(zello)는 열정적인 추구를 암시하는 행동어이다. 그래서 많은 성경 교사들이 바울의 이 명령을 "영적인 은사를 추구하고 쫓아 달려가라"고 해석할 수 있다고 본다.

앞에서 언급한 것처럼 베드로 사도 또한 우리에게 "영적인 은사를 받으라"고 지시한다. 다시 한 번 말하지만 영어 단어 '받으라'는 수동적이고 '갈망하다' 라는 단어와 아주 흡사한데, 이것은 행위와는 독립된 감정적, 정신적 반응을 말한다. 하지만 영어로 '받으라' 고 해석한 헬라어 '람바노' (lambano)는 단호한 느낌이 담겨 있고 문자적으로는 '부여잡다', '세게 잡다' 란 뜻이 있다. 어쩌면 그래서 천국은 침노하는 자의 것이라는 마태복음 11장 12절 말씀을 오해할 때가 많은 것이다.

이 진리가 얼마나 중요한지 깨달으면, 마치 하나님께서 우리 은사들을 활성화시키고자 보좌에서 내려오실 순간을 바라면서 "주님이 주시기를 기다린다는 것"이 얼마나 어리석은 생각인지 알게 된다. 성경 말씀을 공부할수록, 나는 우리의 천국 유산과 영원한 보물의 가치를 깨달아야 함을 더욱 믿게 된다. 매일 시간이 지날수록 우리가 영적 은사들을 온전히 받을 때까지 천국 문을 끈질기게 두드려야 할 책임에 대해서 점점 더 확신하게 된다.

이 은사들을 받고 키워가는 데는 얼마나 걸릴까?

물론 사람마다 다 다르겠지만, 영적인 은사들이 있다는 것을 단순히 인정하는 것보다 유산을 받는 것은 크게 다르다. 아무런 값이 들지 않더라도 누구도 꺾을 수 없으리만큼 단호한 결심으로 이 은사들을 추구해야만 한다. 나는 이것이 약간은 모순이라는 것을 알지만, 오직 열정적이고 적극적으로 추구할 때만이 은사를 받을 수 있게 될 것이다. 간단히 말해서, 모든 비적극성과, 거짓 겸손을 제

쳐두고 영적인 장자권을 잡아야만 할 때이다. 나중에가 아니라 바로 지금 말이다.

> 하나님께서는 우리 안에 놀라운 은사들을 두시고 우리가 그것들을 발견하기 원하신다.

매일 크리스마스

영적인 은사들을 추구한다는 개념을 내가 깨닫게 된 것은 몇 년 전이었다. 크리스마스 이브였는데, 손자 손녀들이 저녁식사를 하러 오기를 집 앞에서 기다리고 있었다. 크리스마스 정찬을 한 후에 내가 계획했던 것은 거실에 앉아 가족이 함께 선물을 뜯어보는 것이었다. 너무 틀에 박힌 순서가 아니라 성령께서 인도하시는 대로 크리스마스를 누리는 조용한 저녁 밤을 상상했다.

하지만 흥분해서 방방 뛰는 손자들이 도착하고, 기대에 찬 아이들은 집안으로 달려 들어가 크리스마스 트리 아래 가득한 선물더미로 달려갔다. 분위기는 내가 상상했던 것처럼 침착하거나 따뜻하지 않고 신나는 어린 아이들의 왁자지껄한 소리로 가득 찼다.

잠시 몇 초간은 모든 것이 잘 순서 있게 진행되는 듯했다. 그런데 손자 한 놈이 너무나 신이 나서 드디어는 아파치족 용사처럼 소리를 지르더니 크리스마스 트리 밑으로 점프해 뛰어들면서 선물 포장들이 다 찢어졌다. 아이는 그저 자기 선물을 찾고 싶었던 것이다. 트리 밑에 있는 모든 선물이 다 열려야만 내 선물이 나온다면 그러라지 뭐! 놀라서 비명을 지르는 엄마 소리에 아랑곳없이 아이는 계속 자기 행복을 찾았다. 조금도 창피해 하지 않고.

다 상상이 가시겠지만, 이렇게 크리스마스 순서를 깨는 아이를 처음에는 고쳐 주려 했었다. 우리 가족은 원래가 크리스마스 때, 식사를 먼저 같이 하고 나서, 순서에 따라 선물을 나눠 주는 것이었다. 그런데 이 아이의 너무 신나는 얼굴을 보고, 이 어린 아이의 열정에 나는 마음이 완전히 녹아버렸다. 그런 후, 내 속에서 이런 소리가 들렸다. "바로 이런 거야. 네게 값없이 주어진 것을 기쁘게 받는 것 말이다." 그 순간, 나는 나머지 아이들에게 말했다. "자, 이제 자기 것 찾기! 어서 시작! 우릴 기다리지 말고!"

그 다음에 일어난 멋진 난리를 지켜보면서, 내 속에 뭔가 특별한 것이 펼쳐지기 시작했다. 이 은사라는 것이 하나님 나라에서 어떤 의미인지 어렴풋이 감을 잡았다. 우리 하나님 아버지 집에서는 매일이 크리스마스인 것이다. 주님은 특별한 은사들을 생명나무 아래 잔뜩 놓아두시고 우리 모두가 그것들을 찾아내기를 열심히 기대하신다.

게다가 그것들을 어떻게 언제 받아야 되는지 가르쳐 주는 꿈이나 환상도 우리에게 필요 없고, 천사가 우리 머리에 쿵 하고 떨어져야 될 필요도 없다. 우리에게 필요한 것은 그 은사들이 쌓여 있는 트리 밑으로 창피해서 다이빙하지 못하게 하는 소심함을 버리는 것이다. 너무 신이 나서 혹시라도 남의 선물을 열어도 괜찮다. 우리 하나님 아버지는 우리를 사랑하시고 때가 되면 맞는 선물을 찾아 주실 것이다. 더 좋은 것은 하나님께서 우리 마음에 소원함을 주실 지도 모른다는 점이다.

그날, 내가 배운 것은 기대하는 사람이 실수를 저지를 수는 없다는 것이다. 열심히 기대를 품는 것은 전혀 잘못된 것이 아니다. 멋진 영적 갈망을 추구하는 어린아이와 같은 순수함은 너무나 좋은 것이다. 예수님은 이 진리를 이렇게 강조하셨다. "너희가 어린 아이들과 같지 아니하면 천국에 들어갈 수가 없다." 또한 제자들에게 계속 열매를 맺으려면 하나님 아버지의 이름으로 무엇이든지 구할 수 있고 그러면 하나님께서 주실 것이라 말씀하셨다.

독특하게 받는 은사

그날 또 한 가지 내가 알게 된 것은 아이들마다 자기에게 딱 맞는 선물을 다 받았다는 점이었다. 그날 우리 손자들은 자기가 받은 선물과 거기 담긴 사랑에 대해서 아는 듯했다. 말할 필요도 없이, 아이들은 다른 사람들 것과는 달리 자기만 받은 독특한 선물로 사기가 충천했다.

이와 마찬가지로, 하나님도 우리 각자에게 딱 맞는 은사를 주셨다. 이미 언급했듯이 이 은사들은 하나님의 "러브 랭귀지(사랑을 표현하는 언어)"이며 하나님의 가족들 모두에게 주시는 애정 표현이다. 더구나 이 은사들을 선택하면서 우리들의 삶에 미칠 수 있는 잠재적인 영향을 생각해 볼 수 있다. 이 은사는 우리 하나님 아버지의 마음에서 직접 나온 천국의 관대함이 가득 담긴 표현이다.

또한 이 "공짜로 주어진 선물"은 각 신자의 삶에 독특한 것이다. 고린도교회에 보낸 바울의 편지에 언급된 은사의 다양성을 보면 은사의 성격이나, 형태, 양, 질이 다 다르다는 것을 알 수 있다. 이렇게 은사들은 다양하기 때문에 누구도 은사를 똑같이 표현하는 사람은 없다. 자기의 은사가 다른 사람 것과 비슷할 수는 있지만 자신의 성격을 통해서 표현되는 방식은 다를 것이다. 이것을 보면 다양성은 여러 다른 언어로 말한다는 것과 하나님의 다양한 성격을 완벽히 전달하는 반향판이라는 것을 알 수 있다.

즉, 각각의 모든 은사를 알아보고 진가를 인정할 때 창조주 하나님의 마음을 좀 더 잘 깨닫게 된다. 한편, 은사의 다양성을 가볍게 여기면 하나님을 제대로 이해하기가 어렵다. 가령, 어떤 사람의 생에서 한 가지 은사를 제거한다면 인류 가운데 반영된 주님의 특성 중 한 조각을 잃어버리는 셈이 된다. 시간이 흐르고 나면 이 땅 위의 하나님 왕국에 대한 전체적인 색상에 큰 타격을 입힐 것이다. 마치 무지개에서 보라색을 빼거나, 오케스트라에서 현악기가 다 빠진 것과 같은 것이다.

> 어떤 사람의 생에서 한 가지 은사를 제거한다면 인류 가운데 반영된 주님의 특성 중 한 조각을 잃어버리는 셈이 된다.

영감있는 은사

이 시점에서, 우리의 영적인 유산에 관한 가장 중요한 질문 중 하나를 언급해야겠다. 바울이 언급한 이 은사들의 구별된 특성은 무엇이며, 그것이 사람들의 생활 가운데 어떻게 표현되는가?

오늘날 많은 성경학자들의 의견과는 반대로, 하나님께서는 은혜 가운데 현대 사회와 관련하여 광범위한 은사들을 주신다. 가장 잘 알려진 것이 고린도전서 12장 7-10절에 나열된 아홉 가지의 '카리스마' 은사이다. 이 은사들은 앞에서 언급했듯이 전적으로 초자연적이며 성령님께서 친히 나눠 주시는 것이다. 여기에 포함된 은사를 보면, 치유, 예언, 기적, 또 그 외에도 여섯 가지 초자연적인 능력이 있다.

로마서 12장 6-8절에 기록된 다른 은사들도 있다. 여기에는 권면, 손대접, 베풀기, 긍휼, 기타 여러 가지 은사가 있다. 또한 바울은 에베소서 4장 11절에 교회를 운영하는 다섯 가지 행정 은사를 나열했다. 거기에는 사도, 예언자, 복음전도자, 목사, 교사가 있다.

구약 전체에 사람들의 삶에 나타난 예술적 은사도 많이 있다. 그 중 가장 두드러진 것은 솔로몬의 시편들이다. 이스턴(Easton) 성경 사전에 의하면 이 전설적인 왕이 대략 3000개의 이야기와 잠언을 썼고 천 개 이상의 노래를 작곡했다고 한다. 그의 아버지 다윗 또한 유명한 시인인데 성경 역사 가운데 가장 뛰어난 음악적 은사를 가졌다. 국제 표준 성경 백과사전(International Standard Bible Encyclopedia)에서는 이 재능 있는 하프 연주자와 작사자가 구약 시대 성전에서 사용했던 다량의 성시를 짓고 많은 악기들을 발명했다고 한다. 또 다른 좋은 예는 출애굽기 15장 20절에 나온 미리암의 찬양이다. 어쩌면 다윗은 여기에서 역대하 8장 14절의 성전 예배 안무를 담당하는데 영감을 받았는지도 모른다.

성경의 다른 인물들을 보면 그 은사의 성격은 다르지만 당대의 정치 분야에서 뛰어나게 해준 하늘의 은사를 가진 사람들이 있었다. 가령 다니엘은 꿈을 해석하는 놀라운 은사 때문에 바벨론 왕국의 높은 자리로 올라갔다. 또한 요셉의 꿈 해석 은사도 놀라운데, 이 때문에 그는 감옥에서 나와 국무총리 자리까지 올라가서 이집트의 파라오 다음으로 높은 자리에서 섬기게 되었다(단 2, 창 40-41).

독특한 은사의 섞임

이와 같이, 역사 가운데 성경 인물들을 보면 그들의 삶에 나타난 하나님께서 주신 은사들의 예는 참으로 다양하다. 그럼에도 불구하고 이 은사들을 몇몇 유명한 사람들에게 있는 것으로만 제한한다면 적절하지 않다. 또한 오늘날의 세대는 많은 은사와 달란트들을 가지고 있어서 과학도 많이 발달했다. 현대 과학의 광범위한 연구 발달 덕분에 모든 인류 가운데 널려 있는 복잡한 은사들이 다양하게 섞여 있는 것을 볼 수 있다. 그래서 인간 영혼의 아름다움과 받은 은사들을 보면 우리의 지적, 정서적, 영적인 성격에 드러나기 마련이다.

또한 이 문제는 1960년대 좌뇌와 우뇌가 어떻게 달리 일하는지 발견하면서부터 더욱 중요하게 되었다. 뛰어난 신경학자들은 좌뇌가 대개 논리적이고 분석적인 것에 반면 우뇌는 통찰력 및 창의력에 관련되어 있다고 결론을 내렸다. 그래서 이 양쪽의 뇌는 독특한 신경학적 개요를 제공하며 우리의 존재를 구체화하고, 은사가 개발되고 표현되는 과정에 영향을 미친다는 추측을 할 수 있다.

우뇌와 좌뇌 사고자들의 특성을 보면 다음과 같다.

좌뇌
- 분석적 사고 (상세한 것에 집중, 일 중심, 조직적, 순서 있게 처리)
- 언어적 사고 (구두 프로세스, 논리적 이론화)
- 객관적 사고 (의도적이고 광대한 계획)
- 관계적 사고 (상식, 논리적 처리)
- 박스 안에 갇힌 생각 (방법적, 흑백 논리)
- 1차적 사고 (연속적, 조직적 프로세스)

우뇌
- 형이상학적 사고 (추상적, 알레고리적인 시야)
- 청각적 사고 (소리를 분석)
- 추상적 사고 (개념적, 신비적, 예측불허의)
- 공간적 사고 (통찰력의, 개념적인, 시각적 처리)
- 순환적 사고 (반복적, 창의적, 많은 선택)
- 통찰력 있는 사고 (직감적 대처, 날카로운 민감함)

이제 이 독특한 두 성격을 가진 사람들은 각각 저마다의 성격과 감정적인 색깔을 합쳐 보자. 그러면 그 다양함은 무궁무진하다. 이렇게 은사들이 섞여서 저마다 다른 음악가, 운동선수, 회계사, 과학자, 간호사, 건축가, 철학가, 의사, 목수, 정치가, 시인, 배우, 컴퓨터 프로그래머 등 수없이 다양한 사람들이 나와 사회의 발전과 성장에 기여하는 것이다.

성경적인 은사인 긍휼, 치유, 다스림, 예언, 기타 영적 은사들을 섞어 봐도 훨씬 더 많이 헤아릴 수 없는 다양한 가능성이 펼쳐지는 것이다. 결국은 자연적인 재능과 영적인 은사가 합쳐져서 하나님께서 인류가 기능하도록 의도하신 더 나은 그림을 우리가 그릴 수 있게 된다.

고찰

이렇게 은사가 섞여서 무한한 가능성 가운데, 온갖 종류의 사람들이 (가지각색의 은사를 가지고) 세상을 '돌아가게' 하는 것이다. 그래서 자기 은사의 독창성을 결코 타협하거나 남을 모방해서는 결코 안 되는 것이다. 그렇게 할 경우 다른 사람의 인생을 살게 되기 때문이다.

일단 이 문제를 해결하고 나면 또 다른 중요한 이슈를 다뤄야만 한다. 하나님께서 주신 개성을 수용하고 난 후에는 내 앞길을 막고 잠재력을 방해하는 부정적인 장벽들을 직면해야 한다. 남들 앞에서 나의 독특함을 살아낼 수 있게 해주는 것이 이 긍정적인 접근법이다.

　사실, 인생에서 앞으로 전진해 나가지 못하도록 제한하는 것들을 해결할만한 용기를 내는 것은 중요하다. 다음 몇 장에서 언급하겠지만 나의 단점을 통해서 성장할 수 기회를 최대화하고 하나님께서 나를 창조하신 진정한 모습으로 살아가지 못하게 하는 것을 뚫고 나가는 것을 배워야 한다.

Original Breath

제3부

압박과
실패를
직면하라

Original Breath

제8장

압박 뚫고 나가기

"이십 년이 지난 후에는 당신이 한 것보다는 하지 않은 것들로 더욱 실망할 것이다. 그러므로 돛을 잡아당기는 밧줄을 벗어 버리라. 안전한 항구를 떠나 항해하라. 항해하며 무역풍을 잡아라. 탐험하라, 꿈꾸라, 발견하라…."

_마크 트웨인(Mark Twain) 미국의 유머 작가, 저자, 강사

십대 때 나는, 내가 늙어서 하나님께서 나를 창조하신대로 되지 못하면 어떻게 하나 큰 걱정이었다. 하나님께서 주신 목적을 발견하지 못하고 내 생이 마감될 수도 있다는 사실에 나는 너무 괴로웠다. 여러 날 밤을 몇 시간씩 잠도 안자고 나의 미래에 대해 안절부절 못하며 내 인생에 내가 가야만 할 그 곳에 어떻게 갈 수 있을지를 고민하곤 했다.

더 힘들었던 것은 내 삶 가운데 내가 맡은 개인적인 역할이 있다는 것을 발견했을 때였다. 그때는 이십대 중반이었는데 내 존재를 향해 창조주 하나님께서 설계하신 것을 내가 저항할지 받아들일지는 오직 내게 달렸다는 것을 깨닫기 전이었다. 다행히도 나는 내 사명을 이루어가는 데 있어서 천국과 연합하기로 도전을 받아

들였고 모든 것들이 변하기 시작했다. 하나님의 도우심으로 수동성의 문을 닫기로 결정하고, 삶에 대한 더 긍정적인 접근 방식으로 나의 잠재력을 최대화하기 시작했다.

그 결과는 놀라웠다! 특별한 미래를 맞으려면 특별한 위험부담이 있다는 것을 즉시 발견했다. 새로운 영역은 결코 수동적인 사람들이 차지할 수 없고, 삶에 열정이 있는 사람들이 차지한다는 것을 발견했다. 이것을 깨닫고 나서는 내 앞으로의 운명을 개척하는데 방해가 되는 장애물들을 극복하기 위해서 담대하게 나가기로 결심했다. 선택은 내가 하는 것이었다. 나의 소망과 꿈을 향하여 달려 나가거나 아니면 일상의 존재에 묻혀서 내가 살기로 되어 있는 삶을 포기하는 것이었다.

이 진리로 무장하고 나는 내 삶의 목적을 발견하기 위해 열심히 찾아 나섰다. 나는 성경을 광범위하게 공부했고 하나님과 영성에 대한 많은 서적과 주석을 읽었다. 이 문제의 중요성을 깨닫고 나는 한 번에 며칠씩 금식하며 기도했다. 어떤 때는 칠일간 물만 마시면서 영적인 영감과 내 인생의 목적을 찾기도 했다.

> 수동적인 사람들은 새로운 영역을 결코 차지할 수 없다. 오직 인생 가운데 열정을 갖고 위험부담을 기꺼이 감수하려는 이들이 차지하게 될 것이다.

모험을 찾아

내 교회 친구들은 놀라기도 했지만 나는 기독교가 아닌 다른 곳에서 영감을 찾기도 했다. 사실 나는 스티븐우프(Steppenwolf)의 "Born to Be Wild"라는 노래에 매우 영감을 받았다. 그 메시지는 다소 급진적이지만, 인생이 제공할 수 있는 모든 것을 경험하고 싶은 젊은 세대의 열정을 담고 있다. 이 노래를 들을 때마다 내 안의 깊은 곳에서 외치기를 "나도 그러고 싶어!" 하는 것이었다. 신기하게도 나는 이 노래의 가사에 깊이 매료되었다.

"너의 모터를 걸어라
고속도로를 향해 나가
모험을 찾아서
뭐든지 다가오는 것은
예, 사랑하는 자여, 일어나게 하라
그저 삶을 사랑하라
삶을 최대한 살아라
우주로 향해 발사되는 로케트와 같이
참된 자연의 아이와 같이
열정적인 삶을 위해 우리는 태어났다네
저 높이까지 우리는 오를 수 있어
나는 결코 죽고 싶지 않아
삶과 에너지로 가득한
열정적인 삶을 향하여"

왜 하나님께서 이렇게 강한 노래로 하여금 모험을 향한 내 열정을 불러 일으키셨을까? 확실하지는 않지만, 나는 이 폭발적인 가사에서 운명을 향한 소명을 분명하게 들었다. 물론, 우리 세대가 파괴적인 의미에서 열광적이어야 한다고는 생각지 않는다. 또 로큰롤 문화의 무모한 라이프스타일을 인정하자는 것도 아니다. 하지만 이 전설적인 노래의 가사처럼, 우리는 인생에서 특별한 모험을 위해 태어났다고 믿었다. 내 젊은 생각에는 정말 의미심장한 삶을 위해 온전히 포기하는 것이 아니라면 그것은 완전히 시간 낭비라는 생각이 들었다.

의미심장하다는 것과 모험에 대해서 중요하게 생각하는 것이 지금도 내 마음 속에는 살아 있다. 의미에 대해 젊었을 적부터 추구한 이후로 수십 년이 지났지만, 목적 있는 삶을 살아야겠다는 생각은 더욱 확고해졌다. 무관심한 태도 때문에 소명을 잃고 살아갈 수도 있다는 가능성에 대해 뼈저리게 느끼고 있다.

솔직히 나이가 들수록, 내 인생의 목적을 최대화하고 내 잠재력의 한계까지 밀어붙이자는 생각은 더욱 강해진다. 이 추구해야 할 모험을 내가 무시하고 산다면 황혼기의 내 인생에 무척 후회가 될 것이다. 이 땅에서의 우리 인생을 돌아볼 기회가 있을 때, 많은 사람들은 자신을 너무 작게 보고 인생을 팔아버린 삶에 대해서 슬퍼하게 될 것이다. 우리가 될 수 있었던 가능성을 믿지 않은 것에 대해서 말이다. 자기 꿈을 결코 이루어 내지 못했거나 인생의 목적을 온전히 붙잡지 못한 사람들은 그 후회가 대단할 것이다. 어쩌면 그래서 요한계시록 21장 4절에서 하나님께서 우리가 천국에 가면 우리 눈에서 눈물을 닦아주실 것이라 하셨는지도 모르겠다.

약점 직면

헬렌 켈러 여사는 이렇게 말한 적이 있다. "인생은 용감한 모험도 아니고 무(nothing)도 아니다."

이보다 더 잘 표현할 수는 없겠다. 나는 이것을 "인생에서 제약도 받아들이지 말고 모방도 받아들이지 말라"로 해석한다. 내가 크게 살지 못하게 제한하고 압박하는 모든 것을 벗어 버리라. 위험을 무릅쓰라! 대담하라! 익숙한 땅에만 붙어서 성공의 기회를 놓쳐 버리지 말고, 크게 외치라.

모든 유명한 사람은 이 도전을 이해하고 있다. 성공한 아티스트, 운동선수, 사업가들과 다른 이들과의 차이점을 보면 이들은 삶에 대해 적극적인 태도를 갖고 있다. 그들이 성공한 것은 운이나 운명이 아니라, 늘 되고 싶었던 것이 되기 위해서 기꺼이 위험을 무릅쓰고자 했기 때문이다. 그들 대부분은 한계선을 두지 않으며 두려움에 휩싸여 소심해지기를 거부한다. 세상에 위협적인 목소리들을 무시하며, 그들 옆에서 차갑게 비웃으며 너희들은 할 수 없을 것이라고 하는 것을 해내곤 한다.

안전하게만 게임을 하려는 사람들은 성공적인 삶을 사는 경우가 거의 없다. 실패의 두려움에 마비되어 그들은 성공할 수 있는 기회마다 움츠러들고 패배주의 정신 가운데 고개를 들지 못한다. 과거의 부정적인 낙오의 기억에서 오는 절망이라는 엄청난 느낌 때문에, 그들은 희망을 잃고 인생에서 용감한 모험을 할 마음이 거의 없다. 그러나 그들은 성공하고자 하는 열망이 자신이 갖고 태어난 제약이나 취약점보다 더욱 커지도록 배워야만 한다.

미국의 최남부지방에서 성장한 나도 젊을 때 이 문제를 다뤄야만 했다. 이 일을 시작하자마자 반대하는 바람이 거세게 부는 것 같았다. 시골 알칸사스 지역에서 지극히 가난한 집에서 태어난 나는 자존감이 매우 낮았으며 심한 류머티스열과 심잡음으로 인하여 어려움이 있었다. 나는 극도로 내성적이었고, 두려움으로 가득 차 있었으며 불안함으로 숨을 잘 못 쉴 때가 많았다. 우리 아버지가 교회 강단에서 특송을 하도록 나를 세웠을 때를 빼고는, 손을 떨지 않고 사람들의 눈을 쳐다보거나 말을 붙이는 일도 못했다. 대부분의 기준에 따르면 나는 어떤 것에도 참 성공하기가 어려운 사람이었다.

그런데 아이러니하게도 나는 항상 모험의 삶을 살아가야 한다는 소명을 느끼고 있었다. 완전히 반대되는 분위기에서 자랐음에도 불구하고 나는 하나님께서 언젠가 나의 이러한 장애물들을 극복할 수 있도록 도와주시리라는 것을 알았다. 승산은 없었고 장애물은 많았지만, 내 성공에 도움이 될 만한 긍정적인 환경을 찾기로 결심했다.

이제 젊은이로서 목사가 되는 소명을 받아들이고 나서는 부정적인 생각에 찌들었던 환경에서 자라났다는 내 안의 불행한 태도를 직면해야 했다. 몇 년이 지난 후, 컨퍼런스 강사로서 여행을 다니기 시작했을 때도, 큰 무리 앞에서 말할 때 마비되는 공포를 극복해야 했다. 그리고 바쁜 스케줄을 관리하기 위해서는 비행기를 타는 비합리적인 공포증도 다룰 수밖에 없었다.

저작에 있어서도 내 약점은 더욱 큰 것 같았다. 처음 책을 시도했을 때 컴퓨터가 없어서 노트에 손으로 원고를 썼다. 가위와 스카치 테이프로 편집을 한 후, 최종 작품을 만든 후, 몇 몇 친구들이 읽을 수 있도록 복사를 했다. 여러 친구가 답이 없었다. 어떤 이들은 계속해 보라며 격려해 주었다. 그런데 마침내 한 친구가 자기가 읽어본 것 중 최악의 작품이라고 말해 주었다.

거절감으로 위축되기보다 나는 숨을 크게 들이쉬고 다시 시작했다. 재능보다 열정을 더 가졌지만 내 약점으로 인하여 위축되기를 거부했다. 다시 또다시 나는 계속 시도했다. 내 기술과 인내의 경계선을 넘어서 말이다. 성공의 모든 기회를 이용해야만 한다는 것을 알았고 그렇지 않으면 황폐한 미래를 맞아야 한다는 것을 너무도 잘 알고 있었다. 성공하려는 열정에 이끌려 끈질기게 추구한 결과 돌파구를 만나게 되었고, 결국 책이 출간되었고 지금도 계속 출판이 되고 있다.

이 모든 경험을 통해서 배운 것은 나도 엄청난 제약을 극복할 수가 있다는 것이었다. 어릴 적 나는 결코 교도소 간수와 같은 인생으로 살지 않을 것이며, 나를 사로잡는 약점들을 담대히 직면해야 한다는 것을 깨달았다. 나는 크게 꿈을 꾸고, 감히 위험을 무릅썼으며, 불가능해 보이는 환경과 상황들을 맹목적으로 밀어붙였다. 다른 사람들이 이룬 업적들에 비하면 내가 한 것들은 작아 보이지만, 나는 내가 여기까지 온 것에 대해 감사한다. 하나님의 도우심으로 나는 역경을 너머 가능성에 도전하였으니 가끔 나도 깜짝 놀라곤 한다.

아주 최근에 이제 좀 슬슬 해야겠다는 생각을 하다가, 성령 하나님께서 내 가슴에 속삭이시는 것을 들었다. "네가 멈추기 원한다면 좋다. 너는 이미 성공을 향한 너의 잠재력을 넘어섰으니 우리의 기대치를 아주 많이 넘은 거야."

마침내 나는 이런 생각이 들었다. 자신의 한계를 넘으려고 애쓰는 사람들에게 숨어 들어오는 성취 위주의 경향으로부터 이성의 음성이 나를 쉬게 해 주는구나.

포기할까 돌파구를 찾을까?

다음 몇 장에서 보시겠지만, 불가능해 보이는 장벽을 극복하고 잠재력을 이용하는 방법은 여러 가지가 있다. 돌파구를 찾는 방법 중에 어떤 것들은 쉬운 것도 있다. 어떤 것은 다소 어려운데 많은 내적인 힘과 결단이 필요하다.

어떤 어려움에 부딪히든, 돌파구를 얻기 위해 가장 중요한 것은 결코 밀고 나가기를 멈추지 않아야 한다는 것이다. 종종 가장 큰 돌파구는 가장 힘들 때 한 번 힘껏 밀었을 때 이루어질 수도 있다. 필요하다면 마귀를 무시할 수 있는 결단과 함께 열정이 필요하다. 윈스턴 처칠은 이렇게 말한 적이 있다. "어차피 지옥을 지나가야 한다면, 계속 걸어가라."

이러한 단순한 신조는 인생의 여러 영역에 적용해 볼 수 있다. 돌파구에 있어서 가장 좋은 예는 비행의 역학에서 볼 수 있다. 비행기술의 기본법에 따르면, 항공기는 이륙하기 위해 중력의 법칙에 도전해야 한다. 중력과 이륙은 밀고 당기는 것처럼 반대되는 힘이므로, 비행이 실제로 일어나려면 이 원리가 거꾸로 되어야만 한다.

항공기가 이륙하려면 위로 끄는 힘이 중력으로 당기는 힘보다 커야 한다. 여기서 제대로 끌지 못하면 비행기는 땅을 떠날 수가 없다. 반대로, 비행기가 중력의 힘을 넘어서면 하늘로 올라가게 된다. 이륙 시 움직이고 떨리는 것은 땅에 고착시키려고 하는 중력의 법칙을 깰 때 생기는 것이다.

비행기가 활주로 끝에서 최고 힘을 발휘하여 뜨지 못하면 어떤 일이 벌어질까? 이륙 시 극심한 저항 때문에 조종사가 엔진 파워를 줄인다면 어떻게 될까?

두 가지를 선택할 수 있다. 포기하거나 앞으로 가는 것이다. 포기할 것인가 오히려 돌파구를 찾을 것인가? 조종사가 중력의 법칙 때문에 기가 죽으면, 결과는 좋지 않을 것이다. 항공기나 조종사 모두 큰 위험을 겪게 될 것이다. 하지만 조종사가 그 저항을 무시하고 밀고 나간다면 비행기는 중력의 법칙을 넘어 승리의 증거가 될 하늘을 향해 날아오를 것이다. 항공기가 완전히 높은 하늘로 올라가게 되면 이제 수평으로 가면서 공기 저항이 줄어들게 된다. 적절한 고도에 달하게 되면 비행기는 최소한의 저항으로 비행할 수 있게 된다.

음속이하에서 초음속으로 여행하는 제트기도 마찬가지다. 제트기 비행 시, 음속 장벽을 뚫으며 비행전환 시에는 아주 큰 저항을 만나게 된다. 제트기가 음속에 다다르는 시점에서 비행기 주변에 충격파라고 하는 저항이 쌓여 있게 된다. 이 충격파는 기압파를 만들어서 제트기 주변의 기압을 바꾼다. 그러면서 날개에 엄청난 진동이 발생한다. 제트기는 이 진동 속에서 제대로 움직일 수가 없다.

이 중요한 때에, 조종사는 장벽을 뚫고 나가야 할지 뒤로 물러나야 할지 결정해야만 한다. 비행 속도가 현저히 줄어들면, 충격파로 인한 소란은 가라앉기 시작하고 제트기는 정상으로 돌아온다. 조종사가 제트기에 음속 이상으로 속도를 가하면 제트기의 뒤로 움직이고 날개를 거스르는 효과를 내는 충격파는 더 이상 문제가 안 된다.

이 시점에서 그 결과는 놀랍다. 제트기가 음속 장벽을 치고 지나갈 때 어마어마한 폭음이 난다. 자연법을 무시한 이 제트기는 이제 전혀 저항 없이 초음속으로 날아갈 수 있게 된다.

앞으로 전진

비행의 역학과 같이, 이 땅에는 우리를 잡아 두려는 반대 힘들이 있다. 마찬가지로 내 날개 밑으로 하나님의 성령이 받쳐주시는 것을 느낄 때까지 전속력으로 날아갈 결단을 해야만 한다. 그렇지 않으면 담력을 잃게 되고 결국 기회를 놓치고 만다. 창세기 19장 26절의 롯의 아내처럼 주저하고 과거를 돌아본다면, 전환 시점에서 큰 위험에 빠질 수 있다.

온전한 돌파구를 찾고 전진하기 위해서는 나를 붙잡아 매는 정서적 신체적 한계점을 벗어나야만 한다. 어려움을 개의치 않고, 가난, 학대, 낮은 자존감, 교육의 부족, 기타 부정적인 요소의 장벽을 넘어서야만 한다. 내가 인생의 창공을 향하여 차올라가지 못하도록 하는 것, 나의 소망과 꿈을 끌어당기는 힘을 극복하는 방법을 찾아야 한다. 무엇보다도 과거의 어려움이 내가 성공할 수 있는 미래를 장악하지 못하도록 해야 한다.

물론, 이렇게 말하기는 쉽지만 실천하기는 어렵다. 하지만 나는 내 경험에서 얘기하는 것이지 원리만 얘기하는 것이 아니다.

> 종종 가장 큰 돌파구는 가장 힘들 때 한 번 힘껏 밀었을 때 이루어진다.

사실, 내 주변의 거스르는 환경에 눈을 딱 감고 인생에서 "전진하기로" 결심한 날을 분명히 기억한다. 그것은 쉽지 않았고 내 과거의 충격파에서 아직도 완전히 자유한 것도 아니다. 하지만 나는 전진하고 있고 내 제약을 돌파하고 나가는 과정에 대해서 너무나 중요한 교훈을 배웠다.

먼저 나는, 자기 한계로만 제한된 사람들은 직면하기를 두려워한다는 것을 알았다. 목적이라는 맨 가장자리에 서 있지 않다면 당신은 어쩌면 자리를 너무 많이 차지하고 있을 것이다. 그러므로 위험을 무릅쓰고 점프하라. 내가 제한해 놓은 박스에서 벗어나 가능성의 영역에 감히 살라! 그러면 성공이 바로 한 발짝 앞에 있다는 것을 알게 될 것이다.

혹시 여러분 중에 나는 기회를 놓쳤다는 생각이 드는 사람이 있다면, 하나님이 의도하신 삶을 살기 위해서는 결코 늦지 않았다고 격려해 드리고 싶다. 그런 분에게 필요한 것은 하나님의 도우심이고 자신의 제약을 뚫고 나갈 수 있는 두려워하지 않는 결단이다. 일단 거기까지 가서 뒤를 돌아보면 가장 힘든 것은 첫 발을 내디딜 용기를 찾는 것이었음을 알게 될 것이다.

인생의 여정은 전진하기 위한 결단으로 시작되기 때문에, 돌파 과정을 도울 수 있는 목록을 모아 보았다.

- 나를 뒤로 잡아끄는 문제가 무엇인지 하나님께서 보여 주시도록 기도하라. 정직은 온전한 돌파를 위한 첫 번째 단계이다.
- 마지못해 하는 태도를 버리라. 미루는 버릇은 당신이 자유해지지 못하게 만드는 가장 큰 강적이다.
- 과거의 취약점에 대해서 잊어 버리라. 하나님의 도우심으로 당신의 미래는 과거보다 더 클 수 있다.

- 자신의 제약을 불가능한 장벽이 아닌 일시적 장애물로 취급하라.
- 나를 억제하는 것에 힘껏 대항하여 밀어붙이라. 내가 앞으로 미는 힘은 내 주변의 저항보다 힘이 더 세야 한다.
- 결코 절망하지 말라. 소망을 잃으면 온전한 성취를 위한 기회를 놓치고 말 것이다.
- 나의 한계에 가차 없이 직면하라. 그것들을 내 운명의 원수처럼 다루라.
- 내 인생에 책임감을 가지라. 부인과 자기연민은 자신의 약점을 다루지 못하게 한다.
- 내 약점과 한계점의 목록을 만들어서 하나씩 하나씩 직면하라.
- 즉각적인 반응이 없을 때 포기하지 말고 계속 밀고 나가라!
- 돌파구 과정에서 나를 지원해 줄 수 있는 믿을만한 친구들에게 나의 약점을 나눈다.
- 나 스스로나 친구들의 도움으로 내 제약들을 다루기가 너무 버거우면 전문가의 도움을 구한다.

고찰

완전한 돌파를 경험하기 위해서는 전환 과정을 두려워해서는 안 된다. 나비가 되는 모충과 같이 내 움직임을 제한하고 날지 못하게 하는 고치를 뚫고 나올 필요가 있다.

바울은 빌립보서 3장 13-14절에서 이런 비유를 들어 설명한다. 뒤에 있는 것은 잊어 버리고 그리스도 안에서 하나님의 부르심을 향하여 나아가라고 말이다. 그는 또한 고린도후서 5장 17절에서도 이 궁극적인 목적지를 향하여 나아가라고 말하며 옛 생활을 벗어 버리고 새로운 삶을 시작하라고 도전한다. 그럴 때에만 그리스도의 형상으로 변화되는 것이 가능하고 이 땅에 나를 묶어 두려고 하는 것들을 뚫고 올라갈 수 있다.

이 과정은 어려운 것일까? 내가 가게끔 되어 있는 길을 가다가 나는 넘어질 것인가? 그럴 수도 있다. 그럼에도 불구하고 멈추지 말라. 나를 묶고 있는 끈들을 헤쳐 버리고 자유로운 미래를 향하여 감히 도약하기에 결코 늦은 때는 없다. 그리고 어떻게 전환해야 할지 방법을 모르더라도 당황하지 말라. 하나님께서 기꺼이 인도해 주실 것이다.

타이타닉호를 조종했던 이들은 훈련된 전문가들이었고 노아의 방주의 주인공들은 아마추어였다는 점을 잊지 마시기 바란다.

제9장

실수의 최대 활용법

"하나님께서 당신의 운명을 창조하셨을 때,
그분은 당신이 저지를 만한 실수를 다 계산하셨다."

_래리 랜돌프

뛰어난 인생을 살기 원하는 사람들에게 있어 이 두 가지는 확실하다. 성공을 위한 기회와 실패의 가능성이다. 전자를 위해서는 인생에서 전진하기 위한 최대의 노력이 필요하다. 후자를 위해서는 인내가 필요하고 이 때 당신의 성품이 테스트될 것이다. 18세기 저자 존 호머 밀러(John Homer Miller)는 이렇게 썼다. "우리의 삶은 우리 인생이 내게 무엇을 주는지에 의해서가 아니라 우리가 인생을 대하는 태도에 달려 있다."

사실, 모든 사람이 이 현실에 맞서야 한다. 성공에는 실패할 위협이 따르기 마련이지만 많은 사람들이 성공하기를 꿈꾼다. 또 어떤 이들은 실패에 대한 생각만 해도 꿈이 사라지고 인생에서 전진을 못한다. 앞으로 실수할지도 모른다는 생각 때문에 시도도 해보지 못하고 포기하는 경우가 많다. 위험을 무릅쓰지 않으면 보람도 없다는 사실을 그들은 무시하는 것이다.

하지만 기꺼이 위험을 무릅쓰고자 하는 이들에게는 여기 기쁜 소식이 있다. 실패는 (대부분의 경우) 그렇게 나쁜 것이 아니라는 점이다. 또한 실수를 하면서 보낸 인생이 아무 것도 전혀 하지 않고 보낸 인생보다 훨씬 낫다는 것을 나는 확신한다. 실패한다고 해서 실패자가 되는 것은 아니다. 전혀 시도하지 않아야 실패자가 되는 것이다.

이 사실에 비춰볼 때, 모든 어려움을 만날 때마다 기회를 깨닫는 것은 중요하다. 성공은 실패가 없는 것으로 측정되는 것이 아니라 실패를 어떻게 다루느냐에 달린 것이다. 그렇다면 내 인생에 전혀 실수가 없는 것이 중요한 것이 아니다. 실수나 실패를 해도 거듭 시도할 수 있는 용기와 자신감이 필요한 것이다.

일이 불가능한 것처럼 보일 때라도 발을 내딛고 전진을 막는 두려움의 장벽을 담대히 직면하라. 그렇다고 해서 실패 확률이 즉시로 떨어지는 것은 아니다. 하지만 성공하려는 열정이 실패할지도 모른다는 두려움보다 크다면 결국은 실수를 최대한 활용하여 성공에 이를 것이다.

여기서 배울 수 있는 교훈은 너무나 자명하다. 내가 실패의 종이 되거나 실패가 나의 종이 되는 것이다. 전자가 사실이라면 두려움으로 미래에 대한 소망과 꿈은 없어질 것이다. 실패에 대한 두려움으로 절뚝거리며, 패배의 쓴 맛도 성공의 기쁨도 느끼지 못하며 삶을 보낼 것이다. 그러면 인생길은 불운도 위험도 없이 안전하겠지만 여행 끝의 보람은 전혀 없을 것이다.

> 다음 번 실패는 가장 큰 성공의 디딤돌이 될 수 있다.

다시 말하지만 실패를 주인으로 삼지 말고 종을 삼을 때, 당신의 큰 꿈을 이루기 시작할 수 있다. 여행길 가운데 많은 어려움이 있을 수도 있고 생각했던 것보다 더 실패할지도 모르겠다. 그렇다 해도 실패를 했다고 해서 완전히 낙오되는 것이 아님을 알게 될 것이다. 시간이 지나면 두려움에 눌리지 않는 것을 배울 것이고 더 많이 떨어질수록 더 많이 튀어 오른다는 것을 알게 될 것이다. 비록 허겁지겁 당황할지라도, 적어도 앞으로는 가는 것이니까.

성공을 하려면 긍정적인 마음가짐이 있어야 한다. 일단 이렇게 낙관적인 태도를 유지하면 끝없는 가능성이 있다. 다음번 실패가 가장 큰 성공을 위한 디딤돌이 될지 누가 알겠는가? 당신은 유명한 정치가 또는 음악가, 과학자가 될 수도 있다. 사실, 당신은 모두를 놀라게 하고 사람들이 당신은 전혀 할 수 없을 것이라고 생각했던 것을 할지도 모른다. 더 나아가 어린 시절의 큰 꿈을 이루어 모든 어려움을 이기고 승리한 사람으로 역사 가운데 남을지도 모른다.

다시 말하지만, 어려움에 부딪치면 낙망을 해체시키는 법을 배워야 한다. 은혜 가운데 넘어지고 실수를 이용하여 배움으로써 우리는 성공의 잠재력을 최대화시킬 수 있다. 계속 앞으로 넘어질 때 낙망에 굴복하지 말라. 결국은 인생의 종착역에 도달하게 될 것이다. 여행 끝의 결말은 내가 꿈꾸고 상상했던 것보다 훨씬 더 위대할 것이다.

실수의 아름다움

로버트 케네디는 이렇게 말했다. "감히 실패하기를 두려워하지 않는 사람들만이 위대한 성취를 이룰 수 있다." 그래서 실패는 시도 가운데 만날 수 있는 자연스런 결과이다.

그래함 쿡(Graham Cooke)은 이 사실을 내게 더욱 잘 알게 해 주었다. 7년 전에 그는 하나님의 음성을 듣기를 소망하며 묵상하는 기도를 하고 있었다. 그래함은 길고, 지루한 기도시간이 되리라 생각했는데, 묵상기도를 시작하자마자, 주님께서 황당한 얘기를 하시는 것이었다. "나는 네가 살면서 실수를 좀 더 많이 했으면 좋겠다."

충격을 받은 그래함은 이렇게 대답했다. "주님, 제가 왜 실수를 하기 원하십니까?"

즉시로 답이 왔다. "네가 좀 더 많이 실수를 했다면 적어도 네가 시도는 해 본다는 것을 알테니까 말이다."

그래함의 이야기를 듣고는 뭔가 놀라운 일이 내 마음에 일어나기 시작했다. 마치 평생 걸릴 퍼즐의 잃어버린 조각을 찾은 느낌이었다. 내게 그 잃어버렸던 조각이 이렇게 말했다. "더 많이 시도하고 많은 실수를 기대해라. 하나님께서 네가 가라고 부르신 곳에 가기 위해 네가 시도하면서 만든 어수선함 가운데 너는 앞으로 전진하고 있음을 하나님께 알리는 거야."

이 말은 우리가 인생을 함부로 살면서 비성숙한 삶을 살아야 된다는 말인가?

우리들 대부분은 앞으로 전진하기 위해 최선을 다하며 우리 소명에 충실하고자 한다. 문제는 그동안 우리가 하는 실수에 대해서 하나님은 전혀 괜찮으시다는 점을 우리가 믿지 않는다는 것이다. 보수적인 종교적 환경에서 성장한 사람이라면 이것이 더 힘든 문제이다. 우리가 시도하는 과정 가운데 실패해도 괜찮은 은혜의 여유가 있다는 것을 깨닫지 못한 채 더욱 열심히 시도해야만 한다는 철학 속에 살 때가 많다. 결과적으로 실수의 가치를 전혀 알지 못하고 성공만 칭찬하는 성취 결과 지향의 사고방식에 짓눌려 살 때가 너무 많다.

이 거짓 사고로부터 해방되고 자유로이 숨쉬기 위해서는 내가 하는 실수를 하나님의 관점에서 볼 필요가 있다. 실패할 여유가 없다고 옆에서 속삭이면 그것은 하나님 아버지의 음성이 아니라는 것을 이해해야 한다. 그 음성은 더럽혀진 양심이거나 용서할 줄 모르는 종교적 신조에서 나온 명령이다. 어떤 경우이든지간에, 이 현혹시키는 음성에 귀를 기울이면, 내가 가기로 되어 있는 미래의 방향으로 가는데 큰 방해가 된다.

그래서 비판하기 좋아하는 사람들이 인정해 주지 않을 때 그것을 무시할 줄 알고, 실패를 하더라도 후회 없이 실패하는 것을 배우는 것이 중요하다. 일단 완전히 실패하면 가능성이 끝이 없다는 것이다. 그러면 당신은 완전히 자유하게 된다! 남에게 보여야 하는 성취 지향의 사고방식에서 완전히 자유하게 된다. 완벽한 기록을 내야만 한다는 압박감과 기대치로부터 자유하게 된다. 완전히 낙망에 빠져서 자책감으로 헤매지 않으면, 실패하기를 두려워하지 않는 이들에게 성공은 찾아온다는 것을 알게 될 것이다.

좋은 예로서 베비 루스(Babe Ruth)라는 전설의 야구선수 이야기가 있다. 그가 최다 홈런 기록을 세운 해에 최다 스트라이크아웃 기록도 깨게 되었다. 그는 거듭해서 성공의 기회를 얻기 위해 실패하는 위험을 무릅썼다. 그는 결코 완벽한 피치를 찾지 않았다. 그는 그저 방망이를 휘둘렀다! 그 결과는 평생 평균 타율이 6할 9푼으로 선두였다.

인생에서 성공을 생각할 때 이렇게 낙관주의적인 태도가 얼마나 중요한가?

우리가 베비 루스와 똑같이 될 수는 없을지라도 불가능해 보이는 인생의 목표를 추구할 수는 있다. 성공할만한 때를 마냥 기다리기만 할 수는 없다. 기회를 잡고 오는 공을 향해 거듭해서 방망이를 휘둘러야 한다. 저자이자 시인이었던 스트루터 버트(Struthers Burt)의 말을 명심하자.

"사람들이 실패자로 머무르는 이유는 어리석어서가 아니라, 열정이 부족하기 때문이다."

거듭 거듭 시도하라

큰 공로로 인정받은 IBM의 창시자 토마스 왓슨(Thomas Watson)은 이렇게 말했다. "성공하는 길은 실패율을 두 배로 늘리는 것이다." 이 말을 실제로 살아낸 발명가 토마스 에디슨의 공로를 누구나 인정할 것이다. 놀라울 정도로 그는 위험을 무릅쓰기를 두려워하지 않았고 실패를 해도 실망하지 않았다.

이 모든 것은 1878년에 시작되었다. 에디슨은 가스등을 대체할 수 있는 저렴한 전기를 발명하겠노라고 세상에 대담하게 선언했다. 큰 조롱 가운데 에디슨은 만 번이 넘는 실험을 실시했다. 여기에는 만 오천 개의 재료와 가장 적절한 필라멘트를 찾기 위한 이천 번의 테스트가 포함된다. 거의 2년 간의 지치는 작업 끝에 그는 마침내 1879년 10월 21일, 최초의 백열등을 개시했다.

> 성공은 기꺼이 가장 많이 성공하려는 자에게 속한다.

역사 가운데 많은 남녀들처럼 에디슨은 실패의 중요성을 단단히 믿는 사람이었다. 실패는 그저 성공을 위해 거쳐 가야 하는 길임을 그는 알고 있었다. 그는 또 이런 유명한 말을 했다. "실패로 끝난 많은 사람들이 그렇게 된 이유는 그들이 포기했을 때 성공이 얼마나 가까이 있는지 몰랐기 때문이다." 전구를 완벽히 만드는 것이 얼마나 어려웠는지 이 엄청난 발명가는 이렇게 말했다 "나는 실패하지 않았다. 다만 안 되는 만 가지 방식을 발견한 것이다!"

이러한 낙관주의로 에디슨은 광범위한 분야에 걸쳐 1,093개나 되는 특허를 내게 되었다. 전구 말고도 가장 유명한 특허로는 채광 기술에, 상업용 건전지, 텔레커뮤니케이션, 음향 녹음, 영화 제작 등이 있다. 그는 제대로 완성할 때까지 거듭해서 실패하기를 두려워하지 않았으며, 지치지 않고 발명품을 만들었다.

한번은 에디슨이 더 좋은 건전지를 개발하려고 작업 중일 때, 낙심이 된 조수가 오 만 번의 실험에 실패하고 난 후에 이제는 그만두자고 했다. "진전이 되지 않는 것 같아서 선생님 너무 낙심되시죠." 그러자 에디슨은 넘치는 낙관주의적인 태도로 이렇게 말했다. "낙심? 우리는 엄청나게 진전을 한 것이라네. 적어도 우리는 오만 개의 잘못된 방법을 알고 있으니 말이야!" 마침내 그는 오늘날까지도 사용되는 산업 표준용이 된 니켈 철제 알카라인 건전지를 개발했다.

에디슨이 건전지를 발명하는 연구를 하다가 중간에 지쳐서 49,999번의 실험에서 멈췄다면 어떻게 되었을까? 전구를 발명하다가 9,999번 시도에서 포기했다면?

감사하게도 에디슨은 윈스턴 처칠이 그랬던 것처럼 "성공은 열정을 잃지 않았을 때 실패에서 실패를 거듭하며 나온 것이다." 이 발명가가 실패할 때마다 낙심해서 끝까지 달려가지 못했다면 세상은 지금과 같지 않을 것이다. 우리는 아직도 촛불을 켜놓고 책을 읽을 것이다! 오늘날 우리가 너무나 많이 사용하는 전기 제품들도 알카라인 건전지가 없었다면 쓸 수 없었을 것이고 무선 커뮤니케

이션도 없었을 것이다. 에디슨이 만든 무성 영화가 없었더라면 지금 영화도 전혀 없었을 것이다.

모든 방면에서 에디슨의 삶과 작업은 실패를 통과하면서 성공을 만들어 내는 살아있는 예이다. 성공을 통해서만 성공할 수 있다고 믿는 것은 너무나도 잘못된 개념임을 에디슨은 세상에 보여 주었다. 역사속의 다른 위대한 발명가들처럼 그는 성공의 길은 인생의 실패 속에서 찾은 경험과 지혜로 이루어지는 것임을 증명했다.

고찰

인간의 실패에 대해서 유명한 저자이자 극작가인 오스카 와일드(Oscar Wilde)는 이렇게 말했다. "경험은 단순히 우리가 우리들이 한 실수에게 주는 이름일 뿐이다." 영향력 있는 저자인 제임스 조이스(James Joyce)는 이렇게 썼다. "인간의 실수들은 발견으로 들어가는 대문이다."

이 두 인용문에서 볼 수 있듯이, 우리는 자신의 단점을 통해 오히려 위대함을 개발할 수 있다. 그래서 실수하기를 두려워해서는 안 되고 실패할 기회를 놓쳐서는 안 된다. 성공할 수 있는 잠재력을 위태롭게 하는 것은 실수가 아니라, 실수를 활용하지 못하는 무능력이다.

실패를 자랑스러워하라는 것인가? 실수와 부적절함을 즐거워해야 하는가?

확실히, 실수할 수 있는 확률을 줄이기 위해 열심히 노력해야 한다. 한편으로 실수하는 것이 실패자가 되는 것은 아니라는 점. 실패를 해도 하나님께서 주신 운명을 살지 못하게 되는 것은 아니다. 사실 지금의 실패는 내일 더 나은 삶을 살게 해줄 수 있는 학습 곡선이 될 것이다.

제10장

실패 가운데의 소망

"실패는 하나님의 넓으신 은혜와 친절하심을 경험할 수 있는 완벽한 기회이다."

_래리 랜돌프

에너지 산업계의 선구자인 리차드 넬슨(Richard H. Nelson)은 이렇게 말했다. "결코 어제의 실패로 하여금 오늘 성공할 기회를 다 소진하지 말라."

수십 년 전, 나는 TV 채널을 돌리다가, 어떤 가톨릭 신부님의 인터뷰에서 위의 말을 인용하는 것을 듣고 주의가 확 쏠렸다. 그 토론의 주제는 실패 가운데 희망을 찾는 것이었다. 그 신부님은 어떤 사람이 실패에서 성공으로 옮겨간 아주 흥미로운 이야기를 들려주었다.

그 이야기는 이렇게 시작된다. 그 신부님이 몇몇 미국의 성직자들과 함께 1970년대 교황의 청중으로 바티칸에 초청을 받았다. 이 신부님은 로마에 일찍 도착해서 호텔에 체크인을 한 후 기도를 하러 주변에 있는 성당에 갔다. 성당을 들어가다가 문 밖에 있는 거지를 보게 되었는데, 자기의 마음 깊은 곳에서 이상한 느낌이 들어서 잠시 머뭇거렸다. 이 더러운 행색을 한 거지에게 이상하게도 친숙한 느낌이 드는 것 같았다.

다음 날, 이 신부님이 새벽기도회에 가려고 다시 왔을 때는 멈춰 서서 거지에게 인사를 했다. 궁금해 견딜 수가 없어서 이렇게 물었다. "성함이 어떻게 되세요?"

그 거지는 답했다. "제 이름은 존 도우(John Doe)입니다."

믿을 수가 없어서 신부님은 이렇게 말했다. "미국에서 20년 전 저와 함께 신학교를 다녔던 존 도우는 아니시죠?"

그 거지는 슬프게 답했다. "예, 맞아요! 하지만 저는 쓴 뿌리에 젖어 신학교를 그만두고 로마로 왔어요. 결국 내 인생은 망했고, 몇 년 전부터 길에 나앉게 되어 그 때부터 이 성당 앞에서 구걸을 하게 되었습니다." 그런 후에 간절한 목소리로 이렇게 부탁했다. "제발 저를 위해서 기도해 주세요."

두 번째 기회

며칠 후, 교황을 방문할 때가 되었을 때 신부님은 그 거지 외에는 아무것도 생각할 수 없었다. 교황님께 인사를 하는 자기 차례가 되자, 그는 그 거지 이야기를 짧게 교황의 귀에 대고 속삭이고는 이렇게 말했다. "그 거지를 위해서 기도해 주십시오."

놀랍게도 교황은 이렇게 답했다. "내일 저녁 식사 때 그 거지를 데리고 오십시오."

그날 밤에도 가보니 그 거지는 성당 정문 앞 똑같은 바로 그 자리에 있었다. 교황이 그를 초청한 것을 이야기하고 호텔로 데려가서 목욕을 시키고 먹을 것을 주었다. 다 먹은 후에, 그 신부님은 거지가 잘 수 있도록 잠자리를 마련해 주고 다음 날 거지가 입을 수 있도록 자기의 신발과 바지 여벌을 준비해 두었다.

다음 날 저녁 그 신부와 거지는 교황과 함께 앉아 조용히 식사를 했다. 식사가 끝난 후, 교황이 어색한 침묵을 깨며 깜짝 놀랄만한 부탁을 했다. 신부에게 방을 잠깐 나가달라고 한 후 거지에게 이렇게 말했다. "저의 고해를 들어 주시지요."

깜짝 놀란 거지는 이렇게 저항했다. "저는 이해가 안 가는군요. 저는 더 이상 신부가 아니기 때문에 교황님의 고해를 들어드릴 수 없습니다."

그때 교황은 그의 눈을 바라보며 강한 어조로 이렇게 말했다. "한번 사제는 항상 사제라네! 자 내 고해를 들어주게."

선택권이 없는 거지는 마지못해 교황의 고해를 들었다. 교황의 고해가 끝난 후, 거지는 엄청난 죄책감을 느끼며 바닥에 주저앉아서 울었다. 사시나무 떨듯이 떨더니 그는 교황에게 자신의 많은 죄를 용서해 주고 축복해 달라고 간청했다.

거지의 고해가 다 끝나자 교황은 미국 신부를 불러서 또 충격적인 발언을 했다. "이 사람이 그동안 어디서 구걸을 해 왔는지 하나님 아버지께 말씀드리고, 그가 앞으로는 가난한 이들과 거리에서 떠도는 이들을 위한 사제가 되기를 원한다고 말씀드려 주게나."

그날 그 신부와 거지는 새로운 희망을 갖고 로마 교황청을 떠났다. 미국 신부님은 즉시로 그 지역 성당의 신부와 약속을 하고는 그 거지를 거리에서 떠도는 이들을 위한 사역자가 되도록 했다.

그날 인터뷰에서 그 신부님은 이렇게 말했다. "지금까지 그 거지 신부님은 아직도 로마 그 구역에서 신실하게 섬기고 있습니다."

실패 대처법

이 거지와 마찬가지로 오늘날 많은 이들은 실패를 경험하고, 그것이 다시 시작할 수 있는 출발점임에도 불구하고, 실수의 고통에 절뚝거리며 단순히 성공을 위한 잠재력을 상실하여 이제는 별 영향력 없는 삶을 살고 있다.

지난 장에서 언급했듯이 성공의 길에는 두려움과 낙망에 굴복한 이들의 깨어진 꿈들이 흩어져 있다. 인간의 연약함과 실패의 가능성에 기가 죽어서 많은 사람들은 쓰러지면 소망을 잃고 만다. 그들의 생각에는 모든 것이 영원히 끝난 것이다.

좋은 예로 교회 역사에서 가장 유명한 사도 중 하나인 베드로의 생애를 보자. 그는 열정적이고, 때로는 특출 나게 용감했다. 예수님이 종교 지도자들의 무리에게 끌려가기 몇 시간 전, 이 열심 있는 제자는 죽기까지 주님을 따르겠노라고 불쑥 말한다. 그날 늦은

밤 , 예수님을 끌고 가려는 대제사장의 종의 귀를 검으로 쳐서 주님을 용감하게 방어하며 주님께 대한 충성을 증명했다.

그러나 위기가 극에 달하자, 이 신실하지만 주제넘은 제자 안에 있는 인간의 어두운 면이 드러나기 시작했다. 예수님이 잡혀가서 재판을 받는 동안, 베드로는 무리 속에 섞여서 예수님을 전혀 모른다고 저주하며 부인했다. 더 심했던 것은, 그 다음 날 주님이 십자가에 못 박힐 때 어려움을 당할까 봐 두려워하며, 예수님을 인정하지 못하고 멀리 서 있었다는 점이다. 결국 예수님은 어디든지 따라가겠다는 맹세를 한 제자에게 배반을 당한 채 홀로 돌아가셨다(마 26:35-75).

성공적인 미래를 위한 베드로의 소망에 이 얼마나 큰 충격인가. 그는 자기 인생이 이제 끝이라고 생각했을 것이다. 그는 모든 것을 잃어버린 것 같았다. 자신의 연약함 때문에 모든 것을 잃은 것이다. 가장 사랑했던 그 분과의 우정까지도 말이다. 그는 자신이 미웠고 머릿속에서는 끊임없이 나는 실패자이고 겁쟁이이며 반역자라고 되뇌었다. 자신의 실패로 완전히 환멸을 느낀 이 절망한 제자는 지난날 어부의 삶으로 돌아갔다.

오늘날 많은 사람들처럼 베드로는 자기 인생 가운데 하늘나라의 관점이 없었다. 그는 자신의 장래를 위한 하나님의 설계에 대해서 전혀 알지 못했고 예수님께서 다시 찾아오셔서 자신을 실패의 괴로움 가운데서 자유하게 해 주시리라는 것을 전혀 기대하지 못했다. 처음부터 다시 시작할 수 있고 자기 운명은 회복될 것이며,

자신이 역사 가운데 기독교 신앙의 위대한 아버지가 되리라고는 전혀 생각지 못했을 것이다.

하지만 이 괴로운 어부에게 모든 것이 바뀌는 순간이었다. 베드로를 향한 주님의 위대한 사랑 때문에 예수님은 그의 잠재력을 바라보실 뿐 그의 실수와 실패에 집중하지 않으신다. 요한복음 21장에 보면 부활하신 예수님께서 새벽에 베드로가 고기를 잡는 곳에 오셔서는, 주님께서 남기고 가신 어린 교회를 먹이고 키우라고 명령하신다.

틀림없이 베드로는 이 은혜로우신 제안에 격려를 받고 안도의 숨을 몰아쉬면서, 실패는 했지만 소망이 있다는 것을 깨달았을 것이다. 베드로에게 지금 필요한 것은 과거의 실수에 대한 용서와 다시 시작할 수 있는 허락이었기 때문이다. 그 날 주님은 그 두 가지를 모두 베드로에게 주셨다.

> 우리는 자신의 실수와 실패가 아닌 잠재력에 집중해야 한다.

대실패로부터의 회복

이와 같은 시나리오는 성경 전체의 다른 위대한 사람들의 삶에서도 볼 수 있다. 다윗왕은 "하나님의 마음에 합한 자"라고 알려진 사람으로서 그럴 수 없을 것 같은 영역에서 실패했다. 구약에 기록된 바와 같이, 이러한 그의 약점으로 말미암아 자녀양육에 실패하고, 리더십이 무너지며, 칠만 명이라는 백성의 목숨을 잃게도 했다. 연약함의 때에 이스라엘의 가장 사랑받는 시편 기자는 밧세바라는 아름다운 여인과 간음에 빠졌고, 그녀의 남편을 죽게 하는 일까지 꾸몄다(삼하 11, 13, 24).

어쩌면 다윗은 베드로와 같이 자신의 죄가 너무 커서 하나님께서 깨어진 삶을 회복시키실 수 없으리라 생각했는지 모른다. 그는 여러 날을 잠 못 이루며 자신의 연약함과 실패 때문에 괴로웠을 것이다. 그는 시편에서 이렇게 외친다. "내가 도와 달라고 부르짖다가 지쳤습니다. 이제는 목이 잠겨 아픕니다. 하나님을 간절히 기다리느라 내 눈도 침침해졌습니다." "번민으로 신음하면서 세월을 보냅니다. 근심으로 기운을 잃었으며, 슬픔과 탄식으로 내 뼈가 점점 약해져 가고 있습니다"(시 69:3, 31:10 쉬운 성경).

다윗의 영혼은 괴로움에 신음했지만 뭔가 특별한 일이 일어날 참이다. 시편의 후반부들을 보면 주님께서 그의 상한 마음을 격려하셨다. 시편 기자는 전능하신 하나님께서 마음이 상한 자들을 치유하시고 엎드리는 자들을 들어올려 주시며 상처들을 싸매 주신다고 고백한다. 시편 136편에서 다윗은 하나님의 "사랑이 영원하다"고 스무 번도 더 외친다. 그 시점 이후로, 이 시편의 어조는 괴로움에서 감사로 역전하는 것을 볼 수 있다.

이렇게 다윗은 인간적이었지만 실패를 하고도 낙망하지 않는 것을 배웠다. 그는 전쟁에 지고 나서도 위대한 용사는 포기하지 않으며, 하나님께서 지명하신 왕은 그 약점에도 불구하고 리더십의 자리를 빼앗기지 않는다는 것을 알았다. 자신의 실패에도 불구하고, 왕위를 내놓는 것은 아니라는 것과, 인간의 약함이 그 장래의 성공을 결정하는 것도 아님을 알았다. 실패를 잘 대처하기 위해서는 자신의 잘못을 정직히 대면함으로 회개하며, 용서를 받고 다시 시작하는 것임을 그는 알았다. 이 태도로 말미암아 다윗은 하나님 마음에 합한 자로서의 자격을 받은 것이다.

완벽하지 않지만 진짜

역사 속의 많은 위대한 인물들처럼 오늘날 많은 사람들은 인생에 대한 자신의 소명을 떠나 있다. 과거의 실패에 낙망하여 그들은 하나님께서 주신 운명과 동떨어진 삶을 살아가고 있다. 다시 시작할 수 있는 실패는 항상 마지막도 아니고, 더 밝은 미래를 위한 기회를 위태롭게 하는 것도 아니다. 실패는 단순히 최종 목적에 사용할 수 있는 완벽한 기회를 제공하여 옛 것을 버리고 새 것으로 시작하게 해 준다.

이것이 얼마만큼 영향력이 있는지는 1세기 예수님의 제자들이 경험했다. 예수님의 죽음과 부활 후, 주님은 많은 사람들에게 여러 번 초자연적으로 방문하셔서 하나님께서 부르신 소명을 향해 전진하도록 격려하셨다. 부활하신 주님은 베드로에게 그러셨던 것처럼, 이전에 창녀였던 막달라 마리아에게도 그분의 영광을 보여 주셨고, 나중에는 믿지 않던 제자 도마에게 하나님의 권능을 보여 주셨다. 또 한 번은 오순절에 한 곳에 모인 모든 제자들에게 성령의 권능을 부으셨다(요 20:11-30, 행 2:2).

여기서 몇 가지 중요한 질문을 해 보겠다. 오늘날 이러한 격려는 얼마만큼 가능한 것인가? 주님께서는 우리의 연약함과 실패에도 불구하고 우리 삶에 그분 자신을 온전히 투자할 것인가?

성경이 보여 주듯이 하나님은 인간의 약점을 통해서 그분의 위대하심을 나타내시곤 한다. 내가 누구인지, 무엇을 했는지에 상관없이, 하나님의 은혜는 용서 받고 다시 시작하고자 하는 이들에게 늘 가능하다. 그러므로 용기를 내시라! 절망 가운데 소망을 찾은 예수님의 제자들에게 영감을 주신 동일한 하나님께서 당신 안에도 사시기 때문이다. 인생에서 부딪히는 실패는 통과할 수 없는 장애물이 아니라 잠시 좌절하게 하는 정도일 뿐이다. 내가 얼마만큼 성취해 내는가와 상관없이 하나님은 나의 성공을 전적으로 밀어주시고 쓰러진 나를 들어올려 주시며, 소명의 길을 다시 가도록 붙잡아 주실 것이다.

성경에서는 우리에게 온전하라고 하는데, 왜 거룩한 하나님께서는 우리의 수많은 결함과 연약함을 간과해 주시는가?

하나님을 닮아가며 우리는 성장해야 하지만, 우리는 여전히 성숙해 가는 과정 가운데 있다. 이것을 알면 마태복음이 말하는 "값비싼 진주"의 예수님은 우리의 잠재력을 보시며 우리가 완벽하지 않음에도 불구하고 사랑하신다. 진짜 진주는 흠으로 알아보는 것이지 잘 광택을 낸 외모로 알아보는 것이 아니라는 것을 예수님은 아신다. 우리처럼 진짜 진주는 모양이 완벽해서가 아니라, 거친 환경 가운데 생긴 결함이 겉에 보이기 때문이다.

진짜 진주를 만져 보면 약간 거칠다. 전혀 결함이 없는 것처럼 보이는 진주는 대개가 가짜이다. 바울이 고린도후서 12장 10절에서 "내가 약할 그 때에 강하다"고 한 것이 이런 개념이다. 어쩌면 모순된 것처럼 들리지만, 바울은 하나님의 강함이 우리 인간의 연약함 가운데서 완벽해진다고 담대히 선포하는 것이다.

이 본문에서 바울의 요점은 너무나 분명하다. 우리 인간의 불완전함은 완벽한 창조주 하나님의 온전하신 은혜로 비기게 된다. 틀림없이 우리는 흠이 많지만 이러한 불완전함은 타락한 인류에게 구세주가 필요함을 확인해 줄 뿐이다.

고찰

본 장의 주제는 몇 문장으로 요약할 수 있겠다. 첫째, 내가 불완전하다고 해서 진정한 존재로서 살아갈 수 있는 잠재력을 무효화시키는 것도 아니고, 내가 실수를 한다고 해서 인생 가운데 하나님의 목적을 이루지 못하게 되는 것도 아니다. 그렇다면 내 스스로에게 내가 줄 수 있는 가장 큰 선물은 실수를 하고 나서도 다시 시작할 수 있도록 해 주는 것이다. 그러므로 절대로 포기하지 마시라! 내가 쉬는 호흡마다 더 나은 미래를 향한 소망이 있기 때문이다.

어떠한 환경에 있다 하더라도, 매

> 내 자신에게 줄 수 있는 가장 큰 선물은 실패할 수 있도록 허락해 주는 것이다.

일 아침 눈을 뜰 때마다 어제의 어려움에서 살아난 것은 이미 큰 성취라는 점을 항상 기억하시라. 고통스러운 실수와 실패에도 불구하고 당신은 여기까지 왔다. 그리고 앞으로 계속 전진하고, 낙망하여 포기하지 않으면 어느 날 가장 큰 실패의 문을 두드리며 성공이 찾아올 것이다. 자신의 부족함 속에서 성공의 씨앗을 알아볼 때, 하나님께서 정하신 목적을 성취할 수 있는 기회가 최대화될 것이다.

또한 우리의 여정 가운데 중요한 것은 온 존재를 자신이 가야할 방향으로 맞추는 능력이다. 다음 장에서 보시겠지만 성공을 위한 자신의 잠재력을 키우는 비결은 도움이 될 만한 긍정적인 사고와 말을 개발하는 것이다.

Original Breath

제11장

내일을 창조하기

> "모든 신자들의 깊은 영혼 가운데에는,
> 믿음으로 '있으라!' 선포하면 생기게 되는 빛의 창조력이 있다."
> _래리 랜돌프

우리의 약점과 실수를 극복하지 못하는 것 외에도 특별한 삶을 살기 위하여 우리의 능력을 제한하는 여러 가지 다른 문제들이 많이 있다.

어떤 서점을 가든지, 인생을 바꿀 수 있다는 제목으로 나온 책은 너무나 많이 눈에 띈다. 그 주제만 봐도 명상, 영양, 운동, 점성학, 긍정적인 사고, 기타 인기 주제들에 걸쳐서 당신의 인생을 바꿀 수 있다고 약속한다. 사실, 자신의 제약과 실패를 다루는 방법에 대해서 본서에서 지금까지 기록한 것은 역사 가운데 수많은 저자들이 거듭해서 다룬 내용들이다.

그래서 이 문제에 관하여 깊이 묵상한 결과 나는 내 인생에 가장 영향을 미친 것은 두 가지라고 결론을 내렸다. 말과 생각이다.

말과 생각은 생각에서 시작하여 언어로 끝나면서 인간이 스스로를 표현하는 발전 단계와 연결되어 있다. 말과 생각은 서로 다른 인간의 지적 능력이지만, 두 개를 따로 떼어 놓으면 불완전하기 마련이다. 강에는 둑을 쌓아서 물의 흐름을 조종하는 것처럼 생각은 언어로 그 정확한 의미를 전달한다.

이 두 가지는 우리 삶에 엄청난 영향을 미쳐서 우리 주변의 세상까지도 바꾸는 힘이 있다. 우리 운명을 잘 시작하게 해 줄 수 있는가 하면 성공할 기회를 방해할 수도 있다. 사고와 말을 움직이기 시작하면 그 긍정적 혹은 부정적인 '도미노 효과'로 말미암아, 사람들의 마음을 바꿀 수 있고, 나라를 정복하며, 문화를 바꾸고, 혼란을 야기할 수 있는 힘이 있다. 우리의 비현실뿐 아니라 현실을 창조하는 강력한 활성제이다.

당신은 무슨 생각을 하고 있는가?

인간의 두뇌는 영혼이 거하는 연약한 장소라고들 한다. 이것이 사실이라면 우리 인생의 경험은 우리의 생각에서부터 시작되며 그것이 우리 존재에 영향을 미친다. 솔로몬은 거의 3천 년 전에 이것을 이렇게 요약해 주었다. "대저 그 마음의 생각이 어떠하면 그 위인도 그러한즉"(잠 23:7).

이 오래된 진리는 현대 심리학에도 기본이 되고 있다. 오늘날 대부분의 심리학자들은 우리의 존재는(우리가 되는 모든 것) 매일 우리 마음에 흐르는 생각의 줄기에 강한 영향을 받는다고 한다. 그들은 이것을 자기대화(self-talk)라고 하는데 이것은 우리가 살아가는 현실을 만들어내는 긍정적, 부정적 주제들로 이루어져 있다. 자기대화가 부정적이면 자신에 대한 불합리하고 해로운 의견을 발달시켜서 그 태도와 행동에 직접 영향을 미친다. 자기대화가 긍정적이면 스스로에 대해 더 좋게 느끼고 더 자신을 격려하며 인생에 대해 더 낙관적인 태도를 갖게 된다.

자기대화는 인간의 정신에 영향을 미칠 뿐 아니라, 신체의 건강에도 큰 영향을 미친다. 과학적인 연구에 의하면, 사고의 긍정적, 부정적인 면은 뇌에서 우리 몸으로 방출하는 두 가지 화학 물질에 영향을 미친다. 이 두 가지 신경전달물질(코르티솔과 세로토닌)은 우리 존재에 너무나 중요해서 우리 삶의 질에 중요한 역할을 한다. 이 두 가지 중 하나만 높아도 수명이 단축되거나 길어질 수 있다.

가령 과학자들은 코르티솔이 혈당이나 면역 체계, 간의 기능 등을 조절하는 신체의 다양한 기능과 관련된 자연 스테로이드 호르몬이라고 한다. 그런데 이 "코르티솔" 레벨이 일정기간 계속해서 높아지면 감염의 위험성이 커지고, 고혈압, 위궤양, 당뇨, 골다공증, 동맥 경화, 우울증의 위험이 생긴다.

한편 세로토닌은 우리의 기분에 영향을 미치는데 신경계를 안정시키는 효과가 있다. 이 자연 "세로토닌" 레벨이 높으면 엔돌핀이 높아지고 온몸 전체에 치료가 증강된다. 반대로 세로토닌이 낮아지면 심각한 우울증, 섬유근육통, 편두통, 과민대장증후군, 다양한 불안 장애에 영향을 미친다.

중요한 것은 자기대화가 실제적이고 살아 있다는 것이다. 우리가 어떤 생각을 할 때마다, 이 두 가지 화학 물질을 두뇌에서 쏘아 올린다. 긍정적인 생각은 세로토닌을 많이 방출하여 우리 몸에 치료를 가져오고 반면에 부정적인 생각은 코르티솔을 많이 방출하여 건강과 정신을 해치게 된다.

간단히 말해서 우리의 존재는 우리가 생각하는 대로이다. 사실 많은 전문가들은 가계에 내려오는 많은 질병들은 그 가문 안에 수년간 과도히 부정적인 것들이 쌓인 것과 직접 관련된다고 본다. 수세대에 걸쳐서 부모가 자녀들에게 건넨 이러한 부정적인 사고와 말은 정서적, 생물학적 구조에 심각한 해를 입힐 수 있다. 그 결과는 여러 가지 정신적 신체적 질병으로 가계에 드러난다. 또 그로 인해 일찍 사망하는 경우도 많다.

가계가 대대로 사업이 망하거나 인생에서 실패하는 많은 경우의 원인이 여기에 있다. 신체의 질병으로 늘 고생한다면 자신의 소명을 이루어 나가는 싸움이 더욱 힘겨울 것이다. 대부분의 경우 마음이 불우하면 생활도 마찬가지고 성공을 위한 열정도 크게 저하될 것이다.

내가 생각하는 바가 되기

이 문제에도 불구하고 우리에게는 놀라운 소식이 있다. 한 연구에 의하면 상당히 짧은 기간 안에 가계에 흘러내려 온 부정적인 저주를 바꾸고 자신의 부정적인 두뇌 패턴을 압도할 수 있다고 한다. 문제는 이 부정적인 영향으로 점철된 나의 사고 스타일을 깨끗이 해 줄 긍정적인 자기 대화를 개발하는 것이다.

> 인생을 최대화하려면 불가능하다는 사고방식이 가능하다로 바뀌어야 한다.

나중에 언급하겠지만, 나 자신에 대한 거짓말을 더 이상 믿어서는 안 되고 나의 잠재력을 제한하는 파괴적인 사고 패턴을 다뤄야 한다. 무엇보다도 불가능한 것에서 가능한 것으로 사고방식을 바꿔야 하고, 하나님과 자아에 대한 생각이 긍정적이어야 한다. 시간이 지나면 이런 것들이 내 삶의 긍정적 변화를 일으키는 전환점이 될 것이다.

하지만 한 가지 주의할 것이 있다. 여기서 이야기하는 것은 하나님의 말씀과 분리된 지적 운동인 긍정적 사고를 말하는 것이 아닌 점이다. 하나님께서 생각하시는 대로 생각하는 행위를 말하고 있다. 이 말은 우리가 긍정적인 라이프스타일을 추구하고, 건강과 안녕을 생각할 때 성경이 본이 되어야 한다는 뜻이다. 성경의 모든 약속이 문맥이 되어 인류의 꿈과 소망을 키우는 영적 인큐베이터가 되기 때문이다.

이 메시지에서 강조하는 주제는 여러 성경 본문에 잘 나타나 있다. 가령 여호수아 1장 8절에서는 하나님의 말씀을 묵상하고 그분의 명령을 순종하는 자가 성공하게 되리라고 선포한다. 신약 또한 이 진리의 중요성을 강조해 준다. 빌립보서 4장 8절은 참되고, 고상하고, 옳고, 순결하며, 아름답고, 존경할만한 것들을 생각하라고 한다. 골로새서 3장 2절 또한 하늘에 속한 것을 생각하고 땅의 것에 마음을 두지 말라고 한다.

그렇다면 우리는 우리가 생각해 온 것들을 다시 생각해 보아야 한다. 두뇌가 여러 세대에 걸쳐 파괴적인 생각의 패턴 속에서 부정적인 것들로 가득 차 있다면, 우리는 우리 생각을 다시 짜야 한다. 첫 번째 단계는 우리 생각을 성경에 나타난 천국의 것들과 맞춰야 한다. 두 번째 단계는 하나님께서 창조 시에 그러하셨던 것처럼 우리의 말을 통해 창조하는 힘을 발하기를 배우는 것이다.

내가 하는 말의 힘

생각이 우리의 존재에 영향을 미칠 수 있다면 생각을 말로 표현하는 것은 내 주변의 환경을 바꾸는 힘을 갖고 있다.

이 말은 의도적인 생각과 말은 믿음의 힘과 합쳐져서 우주가 존재하게 한 것과 같은 창조의 힘을 발할 수 있다는 뜻이다. 창세기 1장 3절에 기록된 바와 같이 창조주 하나님은 하나님의 생각을 텅 빈 공간에 선포하셨고, 우주를 만드셨으며, 빛의 속도로 온 방향으로 우주가 퍼지게 하셨다. 히브리서 1장 3절에서는 능력 있는 말씀으로 하늘과 땅에 있는 모든 것을 붙들고 있다고 했다.

그러나 최근까지 우리가 하는 말의 창조적인 힘은 몇몇 논쟁의 대상이 되는 성경 교사들과 뉴에이지 운동의 여러 멤버들만이 인정을 했다. 하지만 다행인 것은 마사루 이모토(Masaru Emoto) 박사의 결정적인 연구 결과로 과학 및 의료계에 이런 현상에 대한 새로운 자각이 일어나게 되었다. 이모토 박사는 논쟁의 대상이 되고 있는 그의 "물에게 말하는" 연구에서 말의 힘이 우리의 물리 세계, 특히 물에 미치는 결과에 대한 독특한 통찰력을 제시하고 있다.

이모토 박사는 그릇에 담긴 물에게 어떤 "의미있는 말"을 했을 때 그 물의 유전자 단백질 합성을 좋거나 나쁘게 바꿀 수 있다고 주장한다. 이모토 박사에 의하면 물의 분자 구조가 말, 음악, 다른 소리의 형태에서 오는 진동에 영향을 받는다고 한다. 그는 이러한 가설하에 양자 물리학을 연구하는데, 우주의 모든 것은 분자 레벨에서 진동하고 있다는 것이다. 우리가 하는 말과 음악을 포함하여, 모든 것의 모양은 독특한 주파수에서 진동하는 미시적 소립자의 독특한 집합이라는 것이다. 물은 외부의 진동을 흡수하는 매우 민감한 수용체이기에 그 자연 상태가 급격히 변하는 것이다.

이 재미있는 이론을 증명하기 위해서 이모토 박사는 특수 현미경과 고속 사진술을 이용한 연구 기술을 개발했다. 영하의 온도에서 여러 다른 종류의 말과 음악 아래 있었던 얼음물 안에 새롭게 형성된 결정체를 사진으로 찍었다. 말이 긍정적이었는지 아니면 부정적이었는지에 따라 얼음 결정체가 아름답게 혹은 흉측하게 형성된 것을 발견했다.

가령 부정적인 말을 들은 물은 흐릿한 색상으로 눈송이 모양을

다 맺지 못했거나 아니면 불규칙하게 형성이 되었다. 너무나 대조적으로, 친절하고 격려하는 말을 들은 물은 찬란하고, 문양도 화려하며, 아름다운 색채로 결정체를 만들었다. 이모토 박사가 말하는 이 찬란하고 건강해 보이는 결정체는 기도와 부드러운 음악, 긍정적인 말을 통해서 만들어진 것이었다. 그와 반대로, 흐릿하고 생기 없는 결정체는 불친절하고 크고 시끄러운 음악을 통해 만들어졌다.

창조하는 언어

인간의 몸이 거의 70%의 물로 이루어졌다는 사실을 고려한다면, 우리는 부정적이거나 긍정적인 말의 영향력에 70%는 움직일 수 있다는 뜻이 될까?

> 우리의 생각과 말은 우리 존재에게 유익이 될 수도 있고 적이 될 수도 있다.

확실히 말과 생각은 힘이 있고 우리 존재에 친구나 적이 될 수 있으며, 우리 환경까지도 바꾼다. 하지만 긍정적인 말만 가지고(특히 하나님 안에서의 믿음이 없는) 신체의 세포 구조를 즉시로 바꿀 수 있다고 믿기는 너무 힘들다. 말과 생각으로 인해 긍정적 혹은 부정적 화학 물질이 우리 몸에서 나와 우리의 정서나 정신적 기질에 영향을 미친다고 하면 좀 더 합리적인 설명이 될 것이다. 시간이 지날수록 그것이 신체의 건강 상태를 결정하게 되는 것이다.

한편 이모토 박사의 연구는 하나님의 창조력에 대한 성격을 이

론적으로 들여다 볼 수 있게 해 준다. 창세기 1장 창조 기사에서 하나님께서는 그저 "있으라!"고 선포하심으로써 우주의 분자 구조를 재정리하셨다는 점이 흥미롭다. 그 다음에는 하늘 밑의 물들이 한 곳으로 모이라고 명령하시고 그것을 바다라고 부르셨다. 마른 곳을 땅이라 부르시고 좋다고 하셨다.

그러면 우리는 어떠한가? 우리도 우리의 꿈과 바라는 것들을 향해 존재하라고 말할 수 있는가? 우리는 하나님처럼 입에서 나온 말로 물리적인 것을 만들 수 있는 능력이 있는가?

답은 '네'이기도 하고 '아니오'이기도 하다. 우리가 아무리 상상의 날개를 펼쳐도 하나님이 되는 것은 아니지만, 로마서 8장 17절은 우리가 하나님의 자녀이자 상속자라고 한다. 지배권을 갖게 될 자녀로서 훈련을 받는 중이다. 왕의 자녀라면, 말로 명했을 때의 힘이 어떤지를 배우는 것부터 훈련받을 것이다. 우리가 신자로서 가진 권위가 얼마나 놀라운지 예수님께서 마태복음 11장 23절에서 말씀하셨듯이, 우리의 말이 믿음에 뿌리를 내리고 있다면 우리가 산에게 "움직여서 바다에 빠져라"고 하면 산이 우리에게 복종할 것이라고 했다.

하지만 인간으로서 우리가 가진 창조 능력은 제한되어 있으며 이생에서는 결코 하나님께서 창조하시는 것처럼 똑같이 할 수 없음을 기억하는 것이 중요하다. 예수님께서 말씀하신 이 산을 움직이는 믿음은 확실히 환경을 바꿀 수 있다. 또한 하나님 안에 절대적인 믿음을 갖고 당신이 말한 것이 일어날 것이라고 믿는다면, 당신을 둘러싼 힘들이 당신의 명령에 복종할 것이다. 하지만 우리의 말을 이용해서 물리적 세계를 창조하거나 구두로 하는 명령으로 신체의 세포 구조를 즉시로 바꾸는 능력이 있는 사람은 매우 드물다.

오늘날 일어나고 있는 즉각적인 치유나 기타 여러 가지 기적들에 대해서 내가 감사하는가?

물론이다! 하지만 가슴 아프게도 이렇게 기적을 일으킬 수 있는 사람들 가운데는 긍정적인 자기대화를 개발하지 못해서 본인에게는 영원한 평강이 없는 이들이 있다. 다시 말해서 '과정'이라는 영적인 원리가 나온다. 의의가 있는 기적은 우리가 추구하고 받아들여야 하지만 먼저 자신에게 긍정적인 말의 힘으로 시작하는 것이 현명하다.

모든 것은 앞에서 말한 도미노 현상으로 시작하고 끝이 난다. 우리의 생각은 말이 되고, 말은 태도를 낳으며, 태도는 우리의 행복을 결정한다. 또 그 행복은 행동에 영향을 미친다. 시간을 거듭하면서 행동은 우리 인생의 모양을 결정할 것이다.

뉴에이지 운동에서 많은 사람들은 긍정적인 말에 의해서만 활성화된 영적 에너지가 나온 것으로 보는데 나는 이것에 강력히 반대한다. 그리스도인으로서 나는 믿음의 창조적인 힘은 성경과 상응하는 말에 있다고 본다. 이것은 동기를 부여하는 사고방식, 마인드 컨트롤, 혹은 명상을 통해 의식 상태를 상승시키는 것 등을 말하는 것이 아니다. 나는 우리의 생각과 말, 태도를 하늘의 것들과 맞추는 것을 이야기하는 것이다.

　기본적으로 둘 중의 하나를 선택할 수 있다. 생활에 주문을 걸고 부정적인 말로 자신에게 저주를 거는 것이다. 혹은 성경의 진리에 바탕을 둔 긍정적인 자기대화로 내 안의 '물'에게 말하는 것이다. 하나님처럼 생각하고 말할수록, 하나님의 성령께서 더 많이 우리 안에 사실 것이다. 그러면 반대로 부정적일수록 내 삶에 어두운 힘을 더욱 불러들이게 될 것이다. 어느 쪽이든지 간에 내 영혼을 하나님께로 닫을 수도 있고 열 수도 있다.

인생을 재프로그램 화하기

　컴퓨터가 바이러스를 먹으면, 하드 드라이브가 고장날 때가 많다. 시스템과 데이터베이스가 감염되면 대개는 프로그램이 없어진다. 대부분의 경우에 유일한 해결책은 감염된 파일을 제거하고 새로운 데이터로 하드 드라이브를 재프로그램화하는 것이다.

　하드 드라이브와 같은 우리 두뇌에 해로운 자기 독백을 계속 하게 되면 똑같은 일이 벌어진다. 문제를 해결하기 위해서는 모든 부정적인 생각과 말을 제거하고 긍정적인 정보로 대체해 줘야 한다. 이 '스탑 앤 스타트 프로그래밍'(내가 이름 붙인 것)은 인간의 정신에서 리셋 버튼과 같은 것이다.

　다음 목록은 재프로그램 화하는 과정을 돕고 우리의 사고를 재형성하는데 도움이 되기 위한 것이다. 이 과정을 시작하기 위해서는 이렇게 해야 할 것이다.

- 내 생활의 부정적인 환경에 집중하기를 멈추라.
- 어제와 내일에 대해서 염려하기를 멈추라.
- 뭔가 나쁜 일이 일어나면 스스로를 비난하지 말라.
- 최악의 일을 기대하지 말라.
- 내 인생은 늘 재난과 같다는 생각을 멈추라.
- 나는 실패자라고 말하지 말라.
- 자신의 상황에 대해서 스트레스 받기를 멈추라.
- 자신의 부족한 점을 의식하지 말라.
- 자신이 얼마나 잘하는지 유심히 살펴보기를 멈추라.
- 나의 잠재력은 제한되어 있다고 하지 말라.
- 부정적인 태도로 자신의 잠재력을 방해하지 말라.
- 불신앙으로 운명을 훼손시키는 일을 멈추라.

내가 '능력 선언' 이라고 하는 것을 하는 것도 중요하다. 이 성경에 기초한 선언은 신실한 마음으로 거듭해서 말해야 한다.

- 이렇게 선언하기 시작하라, "나는 이 모든 것을 이기고도 남는다." (롬 8:37)
- 이렇게 알리기 시작하라, "나는 하나님 안에서 강하다." (엡 3:16)

- 이렇게 외치기 시작하라, "나는 그리스도를 통해 의롭다." (고후 5:21)
- 이렇게 공언하기 시작하라, "나는 하나님께 사랑받는 자이다." (요일 4:19)
- 이렇게 선언하기 시작하라, "나는 하나님의 상속자이다." (갈 4:7)
- 이렇게 표현하기 시작하라, "나는 모든 부정적인 것들을 극복할 것이다." (요일 2:13)
- 이렇게 말하기 시작하라, "나는 승리하는 삶을 살 것이다." (고후 2:14)
- 이렇게 고백하기 시작하라, "나는 번성할 것이고 성공할 것이다." (요삼 1:2)
- 이렇게 강조하기 시작하라, "나는 이길 수 있다." (요일 4:4)
- 이렇게 말하기 시작하라, "나는 위대함을 위해 창조되었다." (요 1:12)
- 이렇게 외치기 시작하라, "나는 하나님이 원하시는 내 길을 완성할 것이다." (롬 8:28)
- 이렇게 말하기 시작하라, "나는 하나님의 도움으로 무엇이든지 할 수 있다." (빌 4:13)

또한 재프로그램화 작업을 온전히 마치려면 내가 하는 말 중에 해로운 뉘앙스가 섞인 것이 있는지 잘 살펴봐야 한다. 부정적인 단어나 말은 긍정적으로 바꾼다. 이렇게 바꾸자.

- '불가능한 것'을 '가능한 것'으로
- '제한된 것'은 '제한되지 않았다'고
- '내가 할 수 없다'를 '할 수 있다'로
- '그렇게 할 지도 모른다'를 '그렇게 할 것이다'로
- '그렇게 과연 될 것인가'를 '안 되리란 법이 있는가'로
- '말도 안돼'를 '항상 길이 있다'로
- '잘 모르겠다'를 '확실하다'로
- '도달하기 어려울 것이다'를 '도달할 수 있다'로
- '앞으로 언젠가'를 '바로 지금'으로

자, 너무나 많이 열거했는데 이제 마음을 편안히 하고 스스로에게 쉼을 주자. 긴장하려 하지 말고 너무 심각해지지 말라. 심호흡을 하고 얼굴에 미소를 띠자. 웃으면서 쉬는 법을 배우면 인생은 좀 더 쉬워질 수 있다.

로마 린다 제약학교의(Loma Linda School of Medicine) 연구자들이 말한 바에 따르면, 웃음은 뛰어난 약이라고 한다. 여러 조사에 걸친 이 연구에서는 웃음이 스트레스 호르몬을 줄이고 진통제 역할을 하는 엔돌핀을 늘려 준다고 발표했다. 사실 정기적으로 웃는 사람들에게 어떤 변화가 있는지 신체의 면역체계를 보면 알 수 있다. 바이러스와 싸우고 건강한 세포 재생을 조절하는 호르몬이 증가되

어 긍정적인 결과를 보인다.

고찰

이 장에서는 우리가 생각하고 말하는 방식을 바꾸는 것이 중요하다고 했다. 뛰어난 삶을 살기 위해서는 내가 가진 제한선 밖을 담대히 넘어서야 한다. 이제부터는 확실하게 부정적인 것에는 '아니오'를, 긍정적인 라이프스타일에는 '예'를 선택하라.

즉, 나의 장래가 오늘 나의 행동에 달려있는 것처럼 살아야 한다. 언젠가 뭔가를 곧바로 고칠 수는 없고 나의 세상은 하룻밤 사이에 변하지 않을 수도 있다. 그렇지만 하나님께서 우리 삶을 다스리라고 계획하신 영적인 힘들이 활성화되면서 하나님께서 부르신 삶을 향하여 나갈 수 있도록 밀어줄 것이다. 일단 그렇게 시작하면 뒤를 돌아보면서 어제 내가 생각했던 나, 내가 선언했던 내가 된 것을 보게 될 것이다.

Original Breath

제4부

내 인생을 향한
하나님의 목적과
그 힘을 부여잡으라

Original Breath

제12장

내 인생을 향한
하나님의 목적을 발견하라

"우연이란 것은 없다. 우리에게 그저 우연으로 보이는 것은
운명의 가장 깊은 원천에서 나온 것이다."

_요한 프리드리히 반 쉴러(Johann Friedrich Von Schiller) 독일 시인, 철학가

"여러분과 저는 만날 운명이었습니다." 이것은 미국의 40대 대통령 로널드 레이건의 연설에서 유명한 구절이다. 그는 우리의 행동이 오늘날의 세계 뿐 아니라 장래 세대들의 꿈과 소망에도 큰 영향을 미친다고 계속해서 말했다. 레이건 대통령은 이렇게 말하면서 연설을 정리했다. "사람들은 자기 인생을 사과문이 아닌 성명서처럼 살아야 한다."

우리가 이런 관점으로 살아갈 때 우리 삶은 얼마만큼 영향을 받을까? 우리는 우리 행동의 결과에 참으로 책임이 있는가? 그렇다면 이 땅에서의 우리 인생을 위한 하나님의 목적을 펼쳐 가는데 있어서 우리는 얼마만큼 책임이 있는가?

많은 사람들은 인간이 자기 운명을 성취해 나가는 데 있어서 자

기 책임은 거의 없다고 믿는다. 어떤 이들은 그저 도덕적인 삶의 의무를 다하면서 언젠가 삶의 목적에 달하기를 소망하기도 한다. 그들은 운명이 내가 추구하는 어떤 것이 아니고 내가 되는 그 사람에게 운명이 끌려 온다고 믿는다.

> 우리는 미래를 위해 계획해야만 한다. 왜냐하면 미래는 남은 인생을 보낼 곳이기 때문이다.

이 철학의 기본적인 추론은 존중하지만, 내 운명을 시작하기 위해 오늘 내가 할 수 있는 몇 가지가 있다고 나는 확실히 믿는다. 이전 장에 언급했듯이 나의 생각과 말은 운명의 건축가들이며 내 존재의 핵심을 형성한다. 그 과정은 단순하지만 강력하다. 생각은 말이 되고, 말은 행동을 낳으며, 행동은 습관을 형성하고, 습관은 인격을 지으며 인격은 당신의 내일을 결정한다.

마크 트웨인(Mark Twain)이 다음과 같은 말을 했을 때 어쩌면 이 사실을 염두에 두었는지도 모른다. "우리는 미래를 위해 계획해야만 한다. 왜냐하면 미래는 남은 인생을 보낼 곳이기 때문이다." 즉, 목적 없이 내일을 맞거나 아니면 장래 운명의 완성을 위해 오늘 투자하기로 결정할 수 있다. 어느 쪽을 택하든, 인생에서의 내 여행길을 결정하는 것은 기회가 아니라 선택이다.

운명을 추구하는 삶

프랑스 소설가 발자크(Honore de Balzac)가 말하기를 완성되지 못한 운명은 사람의 전 존재에서 색깔을 다 빼버린 것과 같다. 이 말을 해석하자면 우리 인생은 운명을 발견하기까지는 거의 의미가 없다는 것이다.

이 말은 지구상의 모든 사람에게 해당한다고 믿는다. 어느 누구도 우리 목적이 완수되기 위한 열정이 불붙지 않으면 밝은 미래를 경험하지 못할 것이다. 이 때문에 우리는 내일을 위한 소망을 배양하고 최고점에 도달하지 못하게 하는 장애물을 뚫고 나가야만 한다. 여기서의 교훈은 운명에 대한 추구가 의미 없는 존재에 대항하는 우리의 보험인 반면, 무관심은 우리의 가치와 목적의식을 파괴시킨다.

이러한 기본 진리는 모든 문화와 사람들에게 적용된다. 전 세계의 많은 가난한 나라에 방문할 때마다 내가 줄곧 느끼는 공통된 주제는 한 가지이다. 나라의 침체된 경제와 사람들 가운데 현저한 소망 없음과 냉담함은 깊은 관련이 있는 것 같다. 마치 목적의 부재가 어마어마한 절망과 질병, 가난을 불러 일으키는 것처럼 보이고, 잠언 29장 18절처럼 "비전이 없는 곳에서 백성이 망한다"는 메시지를 강조해 준다.

반대로, 목적이 분명한 사회들은 인류의 성장과 진전에 기여할 가능성이 높은 것 같다. 그들은 환경을 개선하고자 하는 열정을 타고 났으며 과학, 의약, 기술 분야에 진전이 많다. 대부분의 경우에는 그들의 목적 추구가 전 세계의 리더들이 하는 역할 뒤에서 움직이는 힘이 되기도 한다.

목적의식만으로 사람들이 자기 가치를 측정한다는 것은 약간 과장된 것이지만, 잠언은 우리의 행복이 하나님께서 주신 운명에 얼마나 가치를 두느냐에 달려 있다고 말한다. 즉 우리는 자신의 능력이 부족해서 제한되는 것이 아니라 비전이 부족해서 제한받는 것이다.

그렇다면 오늘날 세계의 많은 사람들에게 만연된 냉담함에 우리가 굴복해서는 안 되겠다. 또 하루하루를 목적 없이 방황하며 인생을 낭비할 수도 없다. 역사의 많은 남녀들처럼, 우리는 목적 있는 삶을 살아가기 위해 하나님께서 주신 권리를 위협하는 우리 앞길의 많은 장애물을 극복해야 한다.

하나님께서 주신 운명

우리는 역사 가운데 바로 지금 이 시간에 있는 것이 그냥 일상을 살아가기 위한 것보다 훨씬 더 위대한 이유 때문이라는 점을 믿어야 한다. 나사렛 예수는 당시 유대의 로마 총독 본디오 빌라도에게 자기 자신의 운명을 변호할 때 이 사실에 대한 너무나 좋은 예를 보여 주셨다. 왜 지구상에 있는지에 대한 이유에 대하여 질문을 받았을 때 주님은 요한복음 18장 37절에서 이렇게 답했다. "네 말과 같이 내가 왕이니라 내가 이를 위하여 났으며 이를 위하여 세상에 왔나니 곧 진리에 대하여 증거하려 함이로라."

인생의 목적을 추구하는 주님을 볼 때 우리는 어떤 교훈을 배울 수 있는가? 우리도 이와 같은 믿음으로 오늘 우리의 삶을 살아야 할까?

하나님이 주신 목적의 영향력 아래 살아간 수많은 사람들이 세상에 얼마나 놀랍게 영향을 미치며 살아갔는지 그 예는 헤아릴 수 없다. 우리는 또한 하나님께서 우리에게 주신 놀라운 잠재력을 바탕으로 한 운명이야말로 인생의 큰 동기부여가 됨을 알 수 있다. 확실히 우리 주님은 이 진리를 아셨고 인류에게 우리가 왜 살아 숨 쉬는지 하나님의 동기를 보여 주셨다. 그분은 우리의 인생이 목적 있는 삶을 살기 위한 것임을 알고 계셨다.

그렇다면 우리가 존재하는 이유를 정의하게 될 곳을 발견하는 날이 언젠가 있으리라고 나는 소망한다. 또한 우리 각자의 운명은 더 나은 미래의 역사를 형성하게 되리라 소망할 수 있다. 목적 있는 삶을 살지 못한다면 예수님께서 보여 주신 예로서의 삶을 완전히 무시하는 것이다. 19세기 시인 에드워드 벌워 리튼(Edward Bulwer-Lytton)은 이렇게 말했다.

"우리는 하늘의 도구일 뿐이다. 우리가 만들어 낸 작품은 디자인이 아니고 운명일 뿐이다."

달란트와 은사

나 자신의 운명을 내가 찾지 않으면 인생이 우리의 운명을 휘두를 것이다. 여기서 선택은 당신의 것이다. 하나님께서 감동을 주신 목적을 부여잡지 않으면 나 몰라라 하고 운명에 맡기게 되고 말 것이다. 결국, 당신의 인생 가운데 받은 귀한 것들로 과연 무엇을 해야 할지 하나님만이 책임을 물으실 수 있을 것이다.

그래서 우리 모두는 하나님께서 우리 각 사람을 만드신 독특한 삶의 모양을 발견해야 할 의무가 있고 이것을 받아들여야만 한다. 하지만 사람의 달란트와 은사, 직업, 하나님께서 원하시는 방향은 서로 어떻게 다른지 구별하기 어려울 때가 많다. 가령, 어떤 사람들은 완전히 자기 은사의 힘으로만 자기 인생을 살아가곤 한다. 그들은 자기 인생의 목적에 적합한 은사와 달란트를 가졌고, 지금 자신의 은사가 장래의 방향에도 적합하다.

하지만 어떤 이들은 그 반대이다. 아주 은사가 뛰어남에도 불구하고 그들은 결코 인생에서 그들의 목적이 담긴 현실을 느끼지 못하는 것 같다. 인상적이기는 하지만 그들의 은사와 달란트는 그들의 운명을 완성하지 못한다. 참 안타까운 것은 정말 재능 있는 사람들이 세상에서 길을 잃고 소망 없이 불확실함이라는 바다 가운데 표류하고 있다는 사실이다.

나는 개인적으로 우리 가계도의 모친 부친 양가에 다 이런 예가 있는 것을 봤다. 우리 친척 몇몇은 교육은 많이 받지 못했지만 타고난 재능과 영적 은사들이 뛰어난 경우가 있다. 가령 우리 할아버지는 뛰어난 음악적인 재능과 시를 쓰는 뛰어난 기술이 있다. 어머니는 할아버지의 음악적인 능력을 받았고 스케치를 아주 잘 하는 아티스트이다. 아버지는 영적으로 뛰어나고 치유와 예언의 은사가 뛰어나다.

하지만 우리 가족들 대부분 존재의 목적을 계발하는 데 실패한 것이 비극이다. 우리 사랑하는 아버지를 보면 특히 그렇다. 너무나 재능이 있는 반면에, 인생의 목적을 최대한 살리는 데 이용하지 못했고 소망 없음과 절망으로 숨이 막힌 듯한 느낌이었다. 외부 세상과 만날 때 외에는 아버지의 은사가 미치는 영향력은 우리 가족들과 우리 작은 교회의 몇몇 분들에게만 제한되었다. 슬프게도 너무나 큰 잠재력을 지녔던 이 하나님의 사람은 왜 이 땅에 태어났는지 온전히 이해하지 못한 채 돌아가셨다.

나도 역시 인생에서 이와 같은 도전에 직면했다. 젊어서 나는 재능 있는 아티스트이자 음악가였다. 그 둘 사이에서 음악에 대한 열정이 더 강했고 음악에 나는 푹 빠졌었다. 수년간 나는 전문 음악인이 되기 위해 열심히 일했었다. 그러던 어느 날 내 마음 속에 뭔가 변화되면서 하나님께서 내 인생에 다른 계획이 있으심을 알게 되었다. 하나님은 내 인생의 방향이 다른 데 있음을 분명히 가르쳐 주셨고, 그것은 영적인 사역을 하는 것이었다.

그런 큰 변화가 쉬웠을까?

물론 그렇지 않다! 하지만 아무리 오래 걸리더라도 인생에 내가 나아가야 할 길을 찾기 원했었다. 그 때 이후로, 나는 이 소명을 추구하기 시작했고 음악에 대한 열정을 뒤로 미루었다.

은사 변화?

젊었을 때 내가 음악적인 재능을 추구했던 것은 잘못된 일이었을까? 내 인생에서 주요 목적이 아니었던 뭔가를 개발하기 위해 투자했던 시간은 순전히 낭비였을까?

모든 재능은 다 발견하고 기를 가치가 있다. 많은 경우에 재능은 그 사람의 소명과 일치하지만 어떤 경우에는 타고난 재능이 그들의 인생의 방향에 쓰여야 할 우선이 아닌 차선인 경우도 있다. 많은 경우에 어릴 적 눈에 띄는 가장 큰 재능이 인생의 주요 목적이 아니고 궁극적인 방향으로 건너가는 다리인 경우가 많다.

성경의 인물 요셉이 가진 꿈 해석의 은사는 어릴 적부터 그가 이집트에서 국무총리가 되기까지 줄곧 사용된 은사이다. 창세기 41장에 설명된 바와 같이 그는 이 특별한 은사로 알려지면서 결국 자기 인생의 목적을 이루게 되었다. 그러나 그가 인생의 최종 목적에 달했을 때 성경은 이 은사에 대해서 언급하지 않는다. 일단 그가 갈 곳에 도달하자 다른 은사와 재능이 나오게 된다 (행정과 리더십과 같은 은사).

> 성공의 비밀은 인생에 찾아오는 여러 계절에 적응하는 능력에 달려 있다.

요셉이 인생의 다른 시절마다 적응할 수 있었던 능력은 그가 성공에 이른 비밀이었다. 이 청년은 가는 길이 바뀔 때마다 은사를 활용했다. 우리도 이 융통성의 지혜를 배울 필요가 있다.

우리가 성장하고 변화할 수 있는 잠재력을 제한시키지 말자는 것이 아니다. 요셉과 같이 인생의 어려운 요소들이 등장했을 때 적응할 수 있는 여유도 있어야 하며 내 운명의 범위에 대해서 결코 좁은 생각에 갇히지 말아야 한다. 물론 자신이 타고난 능력에 대해 감사해야 하지만 그것이 인생의 장래 목적과 반대가 되어 비생산적이 되지 않도록 해야 한다.

그러므로 이런 질문을 자신에게 던져보는 것이 유익할지도 모르겠다. 내 인생의 지금 이 계절은 인생의 더 분명한 재능과 은사를 개발하기 위한 때인가? 아니면 아직 정확하지 않은 인생의 목적을 위해 발걸음을 내디디며, 내 궁극적인 운명에 더 적합한 다른 은사를 활성화할 때인가?

사람마다 상황은 다르기 때문에, 하나님과 본인만이 내가 지금 어떤 인생의 단계에 살고 있는지 결정할 수 있다. 상황이야 어떠하든 간에, 인생의 사이클은 여러 계절이 있다는 것을 기억해야 한다. 그 말은 우리가 변화에 마음을 열고 있어야 한다는 말이다. 융통성은 부정적인 자질이 아니라 축복이다. 결국 적응할 수 있는 능력은 가장 큰 생존의 도구가 될 것이다.

직업이냐 소명이냐?

하나님께서 우리를 창조하신 모습으로 완성하는 데 따르는 어려움은 누구나 겪는다. 재능이 많은 사람들은 자신의 타고난 재능이 하나님께서 주신 소명과 조화를 이루는지 평가해야 한다. 어느 때가 되면 자신의 현재 과정을 유지해야 할지 아니면 변화의 가능성을 부여잡을지 결정해야 한다.

직업에도 이러한 선택이 적용된다. 특히 성공적인 커리어를 가졌지만 인생의 참된 목적을 발견하지 못한 사람들이 특히 위태로운 경우다. 선택이든 기회이든지 간에 그들은 자신의 삶에 대한 하나님의 마스터플랜과는 다른 커리어에 삶을 던지고 있기 때문이다. 시간이 지날수록 그들의 마음은 괴로워지고 결국은 가야할 길을 찾는 고통스러운 계절에 빠지고 만다.

당신이 만약 이런 경우라면 낙망하지 말라. 이 과정에 당신만이 홀로 있지 않다. 성경의 많은 인물들을 보면 어떤 직업을 갖고 있다가 다른 소명의 길을 걸어가는 경우가 있다. 가령 엘리사는 소명을 받기 전에 농부였고 아모스와 모세도 선지자로서의 부르심을 발견하기 전에는 목자였다. 다윗왕은 노래를 쓰는 음악가로 시작했고 예언자 다니엘은 바벨론의 관리로 처음 섬겼다. 놀랍게도 하나님의 아들은 이 땅에서의 인생 여정을 목수로 시작했다(왕상 19:16, 암 1, 출 3:1, 삼상 16:16, 단 2:48, 막 6:3).

이와 같은 시나리오는 지난 수백 년 간 위인들의 삶에서도 볼 수 있다. 전설적인 빈센트 반 고호(Vincent Van Gogh)는 아티스트로서의 자기 소명을 발견하기 전에 벨기에의 선교사로 섬겼다. 비행기를 만든 윌버와 오빌 라이트(Wilbur and Orville Wright)는 젊었을 때 인쇄소와 자전거 가게를 운영했다. 벤자민 프랭클린(Benjamin Franklin)은 정치에서 자기 역할을 발견하기 전에 음악가와 작곡가로 일했다. 유명한 비행기 조종사 아멜리아 어하트(Amelia Earhart)는 대서양 횡단 최초 여성으로서 많은 유명한 상을 받은 후 대학에서 약학을 공부하고 간호사로 일하기 시작했다. 유명한 천문학자 에드워드 허블(Edward Hubble)은 농구 코치로 커리어를 시작했으나 나중에는 우주를 보는 인류의 시야를 영원히 바꾸는 발견을 한 것 때문에 "캐더린 우프 브루스 금메달(Catherine Wolfe Bruce)"을 수상했다.

하지만 이와 반대되는 시나리오도 있다. 인생의 목적과 직접 관련된 직업을 가졌던 인물들이다. 여기에는 윌리엄 세익스피어, 볼프강 모짜르트, 아브라함 링컨, 알버트 아인슈타인, 플로렌스 나이팅게일 등 젊었을 때부터 특정 은사를 사용하여 장년이 되기까지 자기 운명을 다한 사람들이 있다. 이들의 인생 목적은 이들의 재능에서 자연스럽게 흘러 나와 은사나 직업, 그들이 존재하는 이유가 별 차이 없어 보인다.

이러한 예는 현대 사회에 수없이 많다. 주부든지, 신경외과 의사든지 음악가든지 오늘날 많은 이들은 잉태될 때 자기에게 주어진 하나님이 정하신 운명을 성취한다. 대부분의 경우 그들은 인생에서의 자기 소명에 만족하는 사회에 잘 적응하는 일원들이다. 사회에 대한 자신의 기여가 자기 운명, 소명과 동일하기에 그들은 이 세대를 향한 하나님의 계획을 성취하는 일에 귀한 역할을 감당하는 것이다.

그렇다면 내 직업이 소명인지 어떻게 알 수 있을까?

솔직히 이 답은 너무나 어렵고 생각해야 할 문제가 많다. 하지만 누군가의 인생이 하나님이 부르신 목적과 맞지 않는지 가장 먼저 알 수 있는 사인은 그 사람 안에 일어나는 엄청난 불행감이다. 그들의 깊은 영혼 가운데 인생이 그냥 지나가 버렸다는 괴로운 느낌이다. 아무리 일을 열심히 해도 아무리 성공을 해도, 그들은 공허하다. 후회와 낙망으로 마음이 무겁다.

한편, 자기 직업과 소명이 잘 조화를 이루는지를 알 수 있는 방법은 마음 가운데의 평안함이다. 이들의 직업은 존재하는 이유가 되기 때문에 목적을 찾아 나설 필요를 못 느낀다. 마음 깊은 곳에서 자기가 하는 일은 단순한 직업이 아니라 하나님의 소명인 것을 확신한다. 자신이 하는 일에 행복해 하고 목적의식이 성취되는 것으로 기뻐한다. 여러 면에서 그들의 삶은 빈센트 반 고흐가 한 말의 예를 보여준다.

"당신의 운명은 집에 월급을 가져오는 직업이 아니다. 당신의 운명은 이 땅에서 무언가를 하고 무언가가 되기 위한 것에 관련된 것이다. 너무나 강한 열정으로 추구하게 되며 그것은 소명과 같은 영적인 것이 된다."

인생의 과정에서 내가 어디에 있는지와 상관없이 운명을 성취하기 위한 소망은 있다. 하나님께서는 독특한 목적을 위해 당신을 창조하셨고, 당신이 그 목적을 성취할 수 있는 시간을 충분히 주셨다. 이 말은 우리가 아무리 여러 번 실패했더라도 혹은 아무리 잘못된 길을 걸어왔더라고, 그와는 상관없이 우리의 소명을 성취할 기회는 많다는 뜻이다. 어떤 환경 가운데 있다 하더라도 하나님께서 의도하신 길을 가기에는 충분한 시간이 있다.

일반 역사나 성경 역사 둘 다 봐도 인생의 목적을 이루기에 너무 늦거나 너무 젊은 것은 없다. 가령 다윗은 어린 소년이었을 때 팔레스타인의 골리앗을 죽이고 이스라엘을 적군으로부터 구했다. 요셉은 서른세 살에 이집트의 다스리는 자리에 올라갔고 예수님은 서른에 이 땅의 사역을 시작하셨다. 음악의 천재인 모차르트는 다섯 살 때 처음 작곡을 했고 토마스 에디슨은 서른두 살에 전구를 발명했다.

반대로, 어떤 사람들은 나이가 많이 들어서야 소명을 이룬 사람들도 있다. 모세는 여든 살이 되어서야 하나님의 백성을 노예 생활에서 구하도록 부르심을 받았고, 그의 후계자 여호수아는 일흔 살이 되어서야 이스라엘을 지휘하게 되었다. 조지 워싱턴(George Washington)은 쉰일곱에 대통령이 되었고, 벤자민 프랭클린은 일흔 살에 펜실베니아의 주지사가 되었다. 천재 아인슈타인은 그의 사망 후 44년이 지나서야 타임지에서 "당세기의 가장 위대한 사람"으로 인정했다.

이렇게 다양한 예를 생각해 볼 때 여러 가지 요소가 작용함을 알 수 있다.

첫째, 본인이 어리든지 나이가 많든지 상관없이, 운명이 성취되지 않으면 조기 사망할 가능성이 줄어든다. 인생의 목적을 열심히 찾으면 아무도 하나님 외에는 당신의 시간이 되기 전에 다음 세상으로 보낼 수 없다. 아무리 오래 걸려도 운명은 미래를 향한 큰 기대를 품고 다음 단계로 나아가려는 이들을 기다려 줄 것이다. 로마의 철학자 루시우스 아나에우스 세네카(Lucius Annaeus Senecathe)는 이렇게 말했다. "운명은 기꺼이 가는 자를 이끌어 주고 마지못해 가는 자를 인내하며 기다려 준다."

또한 운명은 내가 원하는 곳이 아니라 내가 가야만 하는 곳으로 신실하게 데려다 준다. 그러므로 과정 가운데 몸부림치거나, 장래에 대한 걱정을 하지 말라. 당신은 목적을 위한 어떤 생애를 살도록 부르심을 받았지, 두려움과 불안의 삶을 위해 태어난 것이 아니다. 윈스턴 처칠은 이렇게 말했다.

"너무 멀리까지 내다보려 하는 것은 실수이다. 운명의 사슬은 한 번에 한 고리씩만 이해할 수 있다."

고찰

많은 사람들은 자기의 운명과 조화를 이룬 직업을 갖고 있다. 또 어떤 사람들에게 있어서 그들의 직업은 자기가 하는 어떤 것이고, 그들의 운명은 자기가 되는 어떤 것이다.

당신이 이 후자에 속한다면 하나님께서 의도하신 운명과 다른 삶을 살고 있는 것처럼 느껴질 텐데, 이런 분들을 격려해 드리고 싶다. 먼저 포기하지 마시라! 하나님께서 공급하실 것에 대한 믿음을 갖고 절망하지 말라. 소망을 갖고 시편 138편 8절의 약속을 믿으라. 하나님은 당신의 삶에 관한 모든 것을 완성하고 계시다.

무엇보다도 기억할 것은 당신만이 이 세대 가운데 하나님께서 예정하신 독특한 인생으로 줄 수 있는 무엇인가를 갖고 있다는 점이다. 이 세상에서 당신만이 채울 수 있는 특별한 자리가 있기 때문에, 두 번째 자리에 정착하거나 남을 모방하는 인생으로 만족하지 말라는 이야기다. 모든 면에서 당신이 가진 목적의 표현은 진정한 것이어야만 하고, 남들과는 분명히 다르게 구별해 주는 것이어야 한다.

하나님께서 이 지구상에 가져다주기 원하시는 조화를 나타내려면 당신의 그 독특한 역할이 성취되어야 할 것이다. 여기서 가장 중요한 질문은 이것이다. 당신은 사회에 당신만이 독특하게 기여할 수 있는 자리에서 숨어버릴 것인가? 아니면 참된 연합을 위해 당신의 개성을 기꺼이 표현할 것인가?

Original Breath

제13장

운명의 조화를 이루기

"우리가 더 풍요로운 문화와 더 다채로운 가치를 성취하기 위하여,
우리는 인간의 잠재력의 전 영역을 알아야 한다.
… 각 다양한 재능은 제 자리를 찾을 것이다."

_마가렛 메아드(Margaret Mead) 미국의 인류학자, 저자

창조의 새벽 이후로, 우주에는 서로 정반대되는 것들이 어우러져 춤을 춰 왔다. 창세기에 나타난 대로 하나님께서는 서로 정반대되는 것들을 다양하게 창조하셨고 이루 다 말할 수 없는 다양성의 조화를 이루게 하셨다.

놀랍게도 창조주 하나님은 밤의 어두움을 낮의 빛에 맞추시고, 겨울의 한기를 여름의 더위와 어우러지게 하시며 산과 계곡, 사막과 바다 등 너무나 조화로운 설계를 하셨다. 이 상반의 어우러진 댄스가 없었다면 우리가 지금 알고 있는 우주는 전혀 존재하지 않을 것이다. 설령 비슷한 것들끼리 지구가 이루어져 존재할 수 있다 하더라도 그것은 너무나 지루할 것이다.

제1장에서 말한 것처럼 우주를 만드신 하나님의 설계를 보면 너

무나 매력적이고 단순히 물체들을 만드신 것으로 끝나지 않는다. 사실, 하나님의 창조성 중 가장 위대한 면이 있다면 각 사람이 하나님께서 이 땅을 향한 전체적인 목적 가운데 각각의 역할을 담당하게 하셨다는 점이다. 천지 만물이 다양하게 어울려 돌아가는 것처럼 인류의 각 사람도 서로 같지 않으면서 전체 사회에 자신의 재능과 은사로 기여하게끔 되어 있다. 이렇게 기여하는 것이야말로 인류에게 주어진 가장 중요한 임무 중 하나이다.

이 임무를 완수하기 위해서는 몇 가지 다뤄야 할 장애물들이 있다. 가장 큰 장벽은 통일(unity)과 획일(uniformity)의 개념 차이를 오해하는 것이다. 또한 "조화로운 다양성"과 "동일성의 이데올로기" 간에 존재하는 긴장감이 문제이다. 내 생각에 이 문제는 오늘날 그 어떤 다른 이슈들보다 종교와 사회 발달에 따른 더 많은 문제들을 야기했다고 본다.

통일인가 획일인가?

위에서 언급한 어려움들을 다루기 위해서 통일과 획일의 확연한 대조점을 살펴 보자. 차이점을 이해하는 것은 두 단어의 의미를 단지 정확하게 이해할 뿐 아니라, 사람들이 현실 세계의 영적, 사회적 환경에 어떻게 적응하는지를 아는 것이 중요하다. 왜냐하면 이 두 개념간의 극명한 차이 때문에 (그리고 그것들이 지구상의 커뮤니티로서 함께 존재하며 우리의 능력에 영향을 미치는 방식 때문에), 다음과 같은 정의가 꼭 필요하다.

먼저 획일은 여러 사전에 보면 "전체적인 동일성을 낳는 규칙이나 패턴의 한결같은 일치"로 나와 있다. 지루할 정도로 다양함이 부족할 만큼 행위나 생각이 표준화된 것이다. 예술적인 면에서 보자면, 촉감이나 색상, 디자인이 전혀 차이가 없는 외모상의 동일함을 말한다. 종교적인 면에서 보자면, 획일은 개인의 창의성을 무시한 채 종교적인 표현의 규칙이나 기준이 하나로 일치된 것이다.

반면 통일은 근본적으로 반대되는 의미가 있다. 개인적인 표현을 없애지 않고 목적이나 정신이 연합된 상태이다. 예술적인 관점에서 통일은 문학이나 예술 작품의 각 요소가 조화를 이루어 전체적으로 통일된 표현을 나타낸 것을 말한다. 종교의 참된 통일도 마찬가지다. 다양한 부분들이 전체적으로 정신이나 목적의 면에서 조화를 이루면서도 동시에 개인의 생각이나 표현의 권리가 존중된 것을 말한다.

> 참된 통일의 아름다움은 획일성이 아닌 다양성과 독창성에서 찾아볼 수 있다.

통일과 획일의 차이점을 잘 나타낸 가장 좋은 예는 음악의 세계에서 찾아볼 수 있다. 전문가들은 음악의 아름다움이 그 획일성에 있지 않고 다양한 독창성에 있다고 말한다. 이것은 오케스트라나 다른 연주 그룹에서 볼 수 있는 음악적 긴장감에서 확실히 알 수 있다. 아름다운 교향곡은 다양한 악기가 서로 반대되는 소리와 톤으로 어우러진다. 여기서 각 악기는 자기 소리를 유지하면서 동시에 전체 그룹과 조화를 이뤄야 한다.

동일한 원리가 삶의 다른 영역에도 적용된다. 건전한 사업기관이나 단체를 봐도 이런 예를 찾아볼 수 있다. 성공적인 회사라면 직원들이 다 똑같이 행동하고 사고하기를 원치 않을 것이다. 물론 존중되어야만 하는 단체의 변하지 않는 기준이나 규약이 있겠지만, 오케스트라와 마찬가지로 성공적인 회사는 각 사람이 서로 다른 기여를 함으로써 이루어진 것이다. 이것은 획일을 위한 불합리한 헌신과는 다르다. 이것은 단체를 좀 더 생산적으로 만들어 주는 (전체 아래 따르는) 집합적인 차이와 같다.

동일함의 오류

다양함을 통한 통일은 현대 사회에 보이는 최고의 지성 형태 중 하나이다. 사실, 우리 각자가 생각할 수 있도록 하나님께서 영감을 주신 능력은 우리에게 표현의 자유를 주고 이것은 너무나 귀한 것이다. 이 문제에 대해서 연방 대법원의 최고 판사인 찰스 에반스 휴(Charles Evans Hughes)는 이렇게 썼다.

"우리가 다르고자 하는 권리를 잃어버린다면 자유해지는 특권을 잃어버리는 것이다."

이 말은 오늘날 믿음의 사람들에게도 특별한 의미를 준다. 현대 사회에는 다양화된 통일성과 획일성의 극화가 더욱 증가되고 있다. 이러한 갈등 때문에 많은 신자들은 '동일성'의 이데올로기와

'개인적인 표현'으로 갈라지고 있다.

가령 동일함의 정신을 붙들고 있는 사람들은 참된 연합이 교리적 조화로서만 이루어진다고 본다. 그들은 모든 사람들이 성경의 해석에서 "눈에는 눈으로" 보아야 한다고 확신하며, 종종 그들의 삶은 통일이라는 깃발 아래 획일성을 주창한다.

그와 반대로 '개인주의'를 붙잡는 이들은 '동일성의 사고방식'을 기만적으로 본다. 그들은 순응하기를 꺼려하고 자신의 독특한 영적인 생활을 누리지 못하게 하는 것이라면 무엇이든지 싫어한다. 사회적으로 고립된다 하더라도 이들은 자신의 독특함을 보호하려 든다.

누가 옳은 것일까? 다양성을 통한 통일이 획일보다 더 성경적인 모델일까? 그렇다면 획일성이 오늘날 종교와 사회 발전에 어떤 위협이 될까?

인류 역사 가운데 동일성을 이루려 할 때마다 별로 효과적이지 못했다. 독재하는 국가들을 보면 인간 표현의 모든 면들을 표준화함으로써 사람들을 고통스럽게 한다. 인본주의적인 통일의 형태를 추구하려다가 그들은 인간의 독특함과 독립성의 다양한 스펙트럼을 차별화시키지 못했다. 그들의 목표는 인간의 온갖 독특한 의견을 획일화된 사고의 프리즘으로 통과시켜 모든 개성의 창의적인 표현을 짓누르는 것이다.

여기서의 문제는 개인 표현의 억압이 하나님이 원하시는 다양성의 목적과 직접 상반된다는 데 있다. 바벨탑을 세우려는 것부터 모든 시민을 한 이데올로기와 종교적 개념으로 통일시키려 했던 로마에 이르기까지, 그 결과는 재난에 이르고 말았다. 이와 마찬가지로 20세기 사회주의 사조는 인간 개성을 너무 제약함으로 공산주의 국가의 생산성을 보면 놀라우리만치 쇠퇴했다.

역사 가운데 세속적으로나 종교적으로나 획일성을 통해 통일성을 이루려 한 시도들은 완전히 실패였다. 성경은 이와 동일한 시나리오가 '마지막 때'에 다시 형성된다고 예언한다. 이때 모든 사람과 종교는 가짜 통일의 독과 같은 형태로 말미암아 참된 영적 조화에 치명적인 위험을 겪게 된다고 경고한다. 계시록 13장에서처럼 이 동일함의 이데올로기는 통일이라는 우산 아래 획일을 추구하면서 전 세계를 바꿀 것이다. 끔찍한 사실은 이때 통일의 표시를 몸에 담기를 거부하는 사람들은 주류 사회에서 소외된다는 점이다.

상반의 아름다움

하나님께서 우리에게 주신 독특함을 보호하기 위해서 우리는 무엇을 할 수 있을까? 현대 사회는 우리 개인이 일치의 이데올로기 안에 살고 싶어 한다는 오래된 기만을 어떻게 피할 수 있을까?

차이가 없는 곳에는 결국 무관심만 남게 된다. 독특한 개성 표현의 여지를 주지 않으면, 다양성이나 진정함을 전혀 고려하지 않는 색채 없는 존재로 망하게 된다. 그 결과, 냉담함에 파묻혀 창의력이 결핍된 생기 없고 침체된 세상이 되고 만다.

이런 과정을 내 자신의 인생과 사역에서도 겪어 왔다. 목사로서 사람을 뽑을 때도, 내 관점과 강점이 비슷한 사람을 뽑을지 아니면 내 약점을 보완해 주는 사람을 뽑을지 고민해야 했다. 또 여행을 다니며 사역하는 지금도 마찬가지다. 에너지가 나오기 위해서는 건전지의 음양극이 모두 있어야 한다는 것을 알고 있기 때문에, 나는 조화로운 다양성의 원리를 늘 존중했다. 그 때문에 나는 나와는 스타일과 생각, 경험이 다른 이들과 사역을 하곤 했다.

그 과정은 어려울 수 있지만, 이를 통해 다양성의 놀라운 가치를 발견했다. 알칸사스에서 남부 캘리포니아로 사역 거점을 옮긴 후, 1980년대에 일어났던 좋은 예가 있다. 나와 비슷한 사역을 하는 사람들과 여행할지 아니면 완전히 다른 사역을 하는 신자들과 함께 여행을 할지 선택을 해야 했다. 나는 결국 후자를 택했는데, 그 그룹은 CCM(Contemporary Christian Music) 랩 댄스 그룹이었다.

몇몇 동료들은 너무나 강하게 반대했다. 그들은 이 로스앤젤레스 출신의 다양한 민족들로 이루어진 젊은 크리스챤 랩 그룹이 남부에서 온 중년 백인 남성 그룹이 모여 드리는 예배를 인도한다는 것이 전혀 상상이 안 갔다. 사실 나도 이게 될 수 있는 일인지 확신이 없었다. 확실했던 것은 그들에게 필요한 것을 내가 갖고 있었고 내가 필요한 것을 그들이 갖고 있다는 점이었다. 나의 마음은 하나님 아버지의 사랑을 향한 절실한 시대로 말미암아 움직였고 그들은 나를 통해 격려와 인도함을 받았다.

몇 년 후, 오렌지 카운트 지역의 교회에서 목회를 하게 되었을 때도 나와는 다른 사람들로 사역자들과 교인들이 다양하게 구성되어야 한다는 확신을 따랐다. 물론 이 때도 내가 성격과 은사가 완전히 다른 사람들을 뽑았을 때 거센 저항이 있었다. 자연스럽게 그렇게 다양한 그룹의 리더들이 모였을 때 다루기가 쉽지는 않았다. 하지만 이 어려움에도 불구하고, 교회는 리더십의 다양성으로부터 유익함을 얻었고, 다른 내 많은 동료들이 선호하는 동일성의 모델보다는 더 성경적이라고 믿었다. 감사하게도 회중은 하나님 은사와 달란트의 다양한 표현을 보는 기회를 갖게 되었고, 이것은 내가 혼자라면 할 수 없었을 것이다.

이러한 원칙이 모든 리더십 팀에게 적합하지는 않을 것이고, 다양한 목소리와 은사를 다룰 수 있는 시간이 없는 리더들에게는 비현실적일 수도 있다. 하지만 나는 영적 리더십의 최고 모델은 인류를 향한 하나님의 목적을 이루기 위한 조화를 위해 은사와 달란트가 다양하게 어우러지는 데서 찾을 수 있다고 본다. 건강한 사역은 서로 똑같이 만들기 위해서 개성을 죽이는 데서가 아니라, 우리의 강점과 약점을 나란히 놓고 서로에게 말할 수 있도록 허락함으로써 가능하다.

긴장 가운데서의 통일감

다양성은 서구 교회가 부여안기에 참 어려운 것일 수 있지만, 무시하기에는 가장 위험한 것이 될 수도 있다. 획일성을 위해 개인이나 그룹의 독특함이 짓눌린다면 그것은 통일이라는 거짓 복음이라고 이름 붙여야 할 것이다.

참된 통일성은 정신(spirit)이 같은 것이지 생각이나 표현이 같은 것이 아니다. 우리는 각 신자가 자신의 지적, 정서적, 영적인 색깔에 상관없이 스스로가 될 수 있는 권리를 보호해야만 한다.

신자들은 다른 사람들에게 자기 개성을 과시하며 체제에 순응하지 않는 자들로 살아야 한다는 것인가?

답은 분명히 '아니오'이다. 이 땅에서의 하나님께서 원하시는 전체적인 목적과 상관없이 우리가 독립적인 삶을 살아야 한다는 뜻도 아니다. 또 참된 통일성을 위한 성경의 명령을 무시하고 우리가 함께 나란히 일하도록 하나님께서 불러주신 사람들 가운데에서 불일치를 만들어 내라는 말도 아니다. 믿음의 사람들이 함께 나아가야 할 성경적인 기준이나 집단 목적이 없다고 믿는다면 그것은 어리석은 일이다.

그렇다면 조화로운 다양성의 개념을 받아들이지 않고 종교적인 활동에 관여하는 것도 지혜롭지 못하다. 앞에서 말했듯이, 이 원리의 특징을 보기 위해서는 우주의 다양한 일원들이 어떻게 서로 어울리는지를 보면 된다. 시계 속의 기어와 바퀴들이 서로 반대 방향으로 움직이며 완벽한 시간을 지키는 것처럼 우주의 다양한 요소들은 동시에 '긴장 속의 통일성'을 나타내며 함께 어울린다.

> 참된 통일은 다양한 개인과 그들의 독특한 은사가 모여질 때에만 이루어질 수 있다.

참된 통일은 다양한 개인과 그들의 독특한 은사가 모여질 때에만 이루어질 수 있다. 고린도전서 12장에서 바울은 이 긴장감은 우주 교회의 생명과 본성을 설명하는 것으로 인식했으며, 그리스도 교회의 각 다양한 일원이 어떻게 몸 전체의 통합을 위한 기폭제가 될 수 있는지 설명했다. 그는 통일의 긴장감 없는 지체로서의 우리 기능은 마치 처음 걷는 아기의 걸음마와 같이 전체에 조화를 이루지 못하고 이상해질 것이라고 분명하게 말한다.

진정한 나의 모습을 잃지 않고 하나님께서 주신 나의 방향을 발견하는 것은 선택이 아니라 당연한 것이다. 사람의 몸 안에서 일하는 근육을 봐도 서로 반대되는 근육들이 적절한 균형과 조화를 이루는 것처럼, 하나님 가족의 모든 맴버들은 영적인 조화의 콘서트를 이루기 위해 함께 일해야 한다. 여기서 힘든 것은 남들과 부조화를 내지 않고 자기 개성을 표현하는 일이다.

결국은 몇 가지 중요한 생각으로 결론이 난다. 본서를 통해서 충분히 이야기했듯이, 삶의 참된 기술은 자기 개성의 가치를 인정하고 내가 다를 수 있는 권리를 행사하는 것이다. 하지만 성격과 생각, 신학이 다르다고 해서 서로 동의하지 않는 태도를 가졌다는 뜻은 아니다. 결국 나의 개성은 남들의 방해물로써가 아니라, 사랑하는 긍정적 기여의 표현으로 드러나야 한다.

다른 터치

지난 2천 년 내내, 동일화의 태도가 지구촌 교회의 창의적인 정신에 도전해 왔다. 종교적인 순응주의라는 진흙탕 바닥에서 여러 번 운동이 일어나는 것을 지난 수십 년간 나는 지켜 보았다. 어떤 것은 결국 회복되어 전진했고 어떤 것은 다양성을 부여잡지 못하고 전통적 사고의 틀 속에 갇혀 버렸다.

1960년대와 70년대에 교회의 많은 이들은 하나님과의 새로운 만남을 위해 부르짖었다. 그런데 놀랍게도 그 응답은 히피라는 젊은 세대의 형태로 다가왔다. 이들은 라이프스타일이나 태도 면에서 정통이 아니었다. 그 결과, 종교적인 획일성을 가진 신자들은 깊이 마음이 상했다. 많은 교회 사람들은 참된 영성이 그렇게 급진적이고 자유스러운 젊은이들로부터 올 수 있다는 것을 상상할 수도 없었고 결국 죽은 종교의 케케묵은 대기 속에서 숨 막혀 죽어가는 젊은 세대를 반대하게 되었다.

비극적인 것은 그 당시의 전통적인 신자들로 말미암아 이 수천 명의 젊은 구도자들은 길을 찾지 못했다. 그들의 장발 스타일과 보헤미아 패션, 다른 음악 스타일로 말미암아 그들은 '교회에 맞지 않는' 사람들이 된 것이다. 그 결과 많은 이들은 주류 교파를 떠나 다른 곳에서 영성을 추구하게 되었다. 어떤 이들은 보수적인 교회에서 찾았지만 어떤 이들은 가정교회와 기타 소그룹에서 예배하게 되었다.

아이러니하게도, 종교적 보수파들이 이들을 거부함으로 말미암아, 나중에 예수 운동이라고 하는 엄청난 청소년 부흥의 발판이 시작되었다. 이 운동에서 현대 복음성가 음악이 탄생했고 이 노래들은 통일, 변화, 영적 자유에 대한 것이다. 한편 전통 교회는 세상의 사람들을 분리하고 배제하는 옛 합창곡에만 전념했다.

감사하게도 지난 몇십 년 동안, 다양한 음악적 스타일이 유행할 때마다 교회에서는 좀 더 받아들이는 추세였다. 오늘날 미국의 대부분의 교회를 방문해 보면 서로 다른 옷차림을 하고 서로 달리 행동하고 생각하는 사람들이 모인 곳임을 알게 될 것이다. 회중을 보면 옷을 화려하게 차려입은 사람들로부터 청바지와 셔츠 바람인 사람들까지 다양하게 볼 수 있는데 이것은 우리 포스트모던 세계의 다양한 문화적 반영이라 할 수 있다.

이 길로 가면 결국 우리는 어디로 가게 될까? 확실하지는 않지만 이러한 다양성은 너무나 신선한 것이며 그저 똑같기를 거부하는 불만스러워하는 젊은이들이 가져온 변화 때문에 일어난 경우가 많다. 그들은 하나님께서는 사람들의 외모나 음악적 기호보다는 사람들의 마음에 다가가기를 더 원하신다는 점을 우리에게 가르쳐 주었다. 하나님은 다양성을 좋아하시고 사람들이 자기의 개성을 표현할 수 있는 안전감이 있을 때 기뻐하신다.

이 한 가지 이유만으로 우리는 서로의 차이점을 높이 평가하고, 하나님의 가족 가운데 각 사람이 맡은 독특한 역할을 존중해야 할 것이다. 노아의 방주에 탄 동물이 다양했던 것처럼 인류의 다양한 스펙트럼은 온 땅에 하나님의 영광을 찬란하게 나타낼 수 있는 기회가 될 것이다. 결국 이 세상의 왕국들은 모든 것들이 그리스도의 궁극적인 목적으로 연합되는 하나님의 영원한 목적의 영향력을 느낄 것이다.

고찰

이 장에서 배운 교훈 중, 다양성을 통한 조화가 가장 중요할 것이다. 긴장감 속의 미묘한 통일의 균형 없이, 종교적 기관은 동일성에 빠져버리고 뜨뜻미지근해져 버린다. 슬프게도 이렇게 계속 나아가면 창조주 하나님의 엄청난 다양성은 점점 더 없어지고 겉으로 보이는 획일성만 보이게 된다.

모든 사람이나 교회가 그저 다르기 위해서 달라야 한다는 말은 아니다. 모든 사람의 영성 표현이 하나님의 독특한 성격을 반영해야 한다는 얘기도 아니다. 그저 이 세상에는 다양한 은사의 가능성이 많다는 점이다. 사실 한 개인이 기여하는 바는 캔버스에서 한 색상의 터치만큼 독특해야 하며, 동시에 그림의 전체적인 아름다움을 완성해 줄 수 있어야 한다.

이렇게 본인의 개성을 표현하는 법을 배우되 자기 자신의 방식만 주장하는 독단에 빠지지 않아야 한다. 남과 다를 자유가 있지만 남과 사귀기 어려운 태도는 피해야 한다. 나의 다양성이 건전하기 위해서는 나의 개인적인 기여가 그림 전체를 완성하려고 할 때 잃어버린 퍼즐 조각과 같은 것이어야만 한다. 나는 독특한 개인이지만 마음과 목적이 남들과 하나 되어 공동의 선을 위해 남들과 함께 일해야만 한다.

인생의 여정에 이 문제가 이렇게 중요한 것처럼 초자연적인 영역과의 급진적인 만남에 나 자신을 열고 있는 것도 중요하다. 마지막 장에 설명하겠지만 이 영적인 통로들로 들어가면 자신의 궁극적인 운명을 감히 추구하는 이들을 위해 예비한 곳에 달하게 될 것이다. 그리고 상황이나 대가에 상관없이 이 여행을 기꺼이 하고자 한다면 결국 내가 가야할 운명의 문 앞에 선 자신을 발견하게 될 것이다. 유명한 영국 시인 로버트 브라우닝(Robert Browning)의 말로 하자면 이렇다. "아직 베스트는 오지 않았다."

제14장

마지막 탐색

"인간의 궁극적인 운명은 하나님의 우주와 피조물을 다스리고
유지하는 하나님의 권능으로 하나가 되는 것이다."

―알프레드 A. 몬테이퍼(Alfred A. Montaper) 미국 작가

　본서를 통해서 나는 하나님께서 인류 가운데 보여 주신 그분의 다양성과 하나님의 천재적인 창조력에 대해서 많이 이야기했다. 또 자기 자신의 약점을 깨고, 실패를 최대한 활용하며, 자신의 독특한 은사를 발견하여 진정한 자신의 모습을 찾는 것이 얼마나 가치 있고 중요한 일인지 설명했다. 또한 긍정적인 삶의 유익에 대해서 언급했고 이 땅에 하나님의 목적을 이루어 가는 데 있어서 우리 개인의 운명이 각기 다르게 맡은 역할에 대해서 논했다.

　그러나 이 점에서 나는 이러한 주제들이 근본적이고 심오한 진리를 여러분들이 발견하도록 하기 위한 것이었음을 고백해야만 하겠다. 강력한 권고의 메시지는 다음과 같다. 당신의 삶 가운데 거하기 원하시며 사랑하시는 하나님의 거하실 곳을 예비하라는 것이

다. 너무나 좋게 들리는 것이 사실이지만, 요한계시록 3장 20절에서는 예수님께서 우리 마음의 문을 끊임없이 두드리시며 이렇게 말씀하신다. "누구든지 내 음성을 듣고 문을 열면, 내가 그에게로 들어가 그로 더불어 먹고 그도 나와 더불어 먹을 것이다."

이와 마찬가지로, 아가서에서는 그리스도와 그분의 교회와의 관계를 상징적으로 표현하며 우리가 그분과 누려야 할 친밀한 사랑을 그리고 있다. 아가서 5장의 생생한 장면에서 저자는 술람미 신부의 초막집 문 앞에서 서성거리며 이렇게 간청하는 목자를 그리고 있다. "나의 누이, 나의 사랑, 나의 비둘기, 나의 완전한 자야 문을 열어다오." 신부의 열정에 감동된 목자는 손을 내밀어 그들을 서로 막고 있는 자물쇠를 간절히 열고자 한다.

하나님께서 거하시는 곳

왜 그러한 극적인 상징법을 사용하셨을까? 왜 우리의 목자 되신 그분께서 인간의 연약한 육체의 마음에 거하기를 원하신다고 할까? 솔로몬은 창조주 하나님께서 인류에게 그분의 영광을 나타내기 위한 방법을 찾고 계심을 말하고자 하는 것일까?

구약에 보면 솔로몬이 이 주제에 대해서 장황하게 말하는 장면이 나온다. 역대하 6장 14-41절에서 헌신하는 그의 기도에는 두 가지 독특한 주제가 나온다.

"가로되 이스라엘 하나님 여호와여 천지에 주와 같은 신이 없나이다 주께서는 온 마음으로 주의 앞에서 행하는 주의 종들에게 언약을 지키시고 은혜를 베푸시나이다."

이 기도에 쓰인 단어를 정확히 보면, 솔로몬은 역설이 담긴 진리의 복잡성을 분명히 이해하고 있었다. 그는 하늘에 나타나는 창조주 하나님을 분명히 인정했지만 우주만을 통해서 하나님의 전능하심을 전적으로 나타낸다는 것은 불가능하다는 것도 알고 있었다. 그가 전능하신 하나님께 내려오셔서 그분의 쉬실 곳, 당시 이스라엘 백성들이 하나님을 위해 지은 성전에 거하여 달라는 간구는 이러한 전제를 바탕으로 한 것이 분명하다.

사실 더 놀라운 것은 하나님께서 사람들 가운데 살기를 원하실 거라는 솔로몬의 추측이다. 앞에서 말했듯이 이 영감을 받은 기자는 친밀함을 향한 창조주 하나님 속에 오래 있던 마음을 알아챈 듯하고, 그 하나님의 열망을 아가서에 담았다. 은유적이기는 하지만 이 아름다운 작품의 중심 주제는 하나님께서 인간을 통해 그분의 영광을 나타내기 원하신다는 것이며 인간의 마음과 영혼 속에 자신을 아낌없이 투자하기 원하신다는 것이다.

에덴동산에서 성전까지

이 친밀함을 향한 열정은 언제 어디서부터 하나님의 마음에 시작된 걸까?

틀림없이 창조주 하나님의 탐색은 솔로몬이 살아 있기 훨씬 전부터 시작되었다. 창세기는 하나님께서 이 땅 위에 하나님의 온전하심을 나타내시고자 다양한 길과 방식을 찾으시며 여행을 시작하셨다고 한다. 황당한 이야기일 수도 있지만, 그 어떤 누구에게도 자신을 증명하거나 자신의 영광을 보일 필요가 없는 전능하신 창조주 하나님께서 자신이 거할 장소를 찾고 계신 것처럼 보인다. 직접 만드셔서라도 말이다.

이 현실은 에덴동산에서 아담과 이브를 창조하셨을 때 분명히 나타난다. 놀랍게도 창세기 기사에 나타난 이 신기한 사건은 인류를 통해 그분의 영광을 나타내고 이 땅 위에 집을 세우고자 하는 계획을 보여 준다. 창세기 3장에는 창조주 하나님께서 자신의 피조물 가운데 면류관과 같은 아담과 이브를 방문하셔서 매일 대화하시는 것을 볼 수 있다. 이 두 피조물은 하나님께서 그 애정을 쏟으시는 대상이었을 뿐 아니라 어떤 의미에서는 하나님께서 이 땅에 거하시는 곳이 된 것이다.

안되었지만 아담과 이브는 자기 위치를 잃고, 아름다운 에덴동산을 떠날 수밖에 없게 되었다. 창세기 3장 24절에 기록된 바와 같이 화염검을 든 천사가 에덴동산의 입구를 막아, 역사의 다른 때에만 열 수 있게 되었다. 이 아이러니는 상

> 전능하신 하나님은 이 땅 위의 친구 인간을 잃어버리게 되었다. 창조주 하나님과 그분의 피조물 간의 친밀함을 위해 창조된 천국에 홀로 남게 되신 것이다.

상을 초월했다. 슬프게도 전능하신 하나님은 이 땅 위의 친구 인간을 잃어버리게 되었다. 창조주 하나님과 그분의 피조물 간의 친밀함을 위해 창조된 천국에 홀로 남게 되신 것이다.

하지만 세대가 지나면서 놀라운 일이 펼쳐졌다. 제2장에서 언급했지만 창세기의 처음 몇 페이지에 나온 에덴동산에서 시작된 모험은 출애굽기로 이어진다.

출애굽기 25-27장에 아주 소상히 나와 있듯이 하나님은 에덴동산에서 거처를 모세의 감독 아래 지어진 성막으로 옮기신다. 완전히 무생물이지만 이 성막은 창조주 하나님께서 집단적으로 영광을 보여 주시며, 아담과 이브의 후손들 가운데 거하실 수 있는 장소였다.

잠시, 하나님은 사막 성소의 '지성소' 휘장 뒤 비밀 세계에 사시면서, 이 환경에 거하시는 것이 편하신 듯했다. 하지만 구약 성막의 매력과 아름다움은 차치하고, 하나님은 인간과 좀 더 개인적으로 연결되기 원하시는 마음이 있었다. 잠시는 적절해 보였으나, 하나님의 새 집은 하나님께서 정말 원하시는 곳이 아니었다. 출애굽기 20장 19절에 기록된 바와 같이 그것은 전능하신 하나님과 "얼굴과 얼굴을 맞대기를" 두려워하는 백성들을 위해서 그저 허락하셨을 뿐이었다.

하나님의 이사

구약 선지자들의 글을 훑어 보면, 하나님께서는 의식과 형식의 겉치레에 기뻐하지 않으셨다고 말한다. 창조주 하나님은 동물 희생에 마음이 지치셨고 나무와 돌로 된 성전에서 살과 피로 된 집으로 옮겨가기를 갈망하셨다. 하나님의 사랑에 반응할 수 있는 사람과 다시 한 번 자신을 나누기 원하셨다.

이사야 1장 11-14절에 나온 강한 어조를 보면 이 얘기가 왜 나왔는지 알 수 있다.

> 여호와께서 말씀하시되 너희의 무수한 제물이 내게 무엇이 유익하뇨 나는 숫양의 번제와 살진 짐승의 기름에 배불렀고 나는 수송아지나 어린 양이나 숫염소의 피를 기뻐하지 아니하노라 너희가 내 앞에 보이러 오니 이것을 누가 너희에게 요구하였느냐 내 마당만 밟을 뿐이니라 헛된 제물을 다시 가져오지 말라 분향은 내가 가증히 여기는 바요 월삭과 안식일과 대회로 모이는 것도 그러하니 성회와 아울러 악을 행하는 것을 내가 견디지 못하겠노라 내 마음이 너희의 월삭과 정한 절기를 싫어하나니 그것이 내게 무거운 짐이라 내가 지기에 곤비하였느니라

또한 다가오는 의례의 변화를 예언하면서 이 하나님의 마음 속 울부짖음을 전해 주는 다른 성경 본문들이 있다. 역대상 16장 24

절에서 다윗은 전능하신 하나님께서 그분의 영광을 이방인들에게 보여 주시고 그분의 기이한 일들을 열방에 보여 주십사고 한다. 앞에서 언급했듯이 그의 아들 솔로몬은 이와 똑같은 소원을 글에 표현했다. 마찬가지로 이사야 66장 18절은 하나님의 궁극적인 의도를 나타냈고 그분의 장엄하심이 언젠가 인류에게 드러나고 모든 인간이 그분의 영광을 경험하리라 선포했다.

물론 이 모든 것은 오시는 메시아와 신약 교회, 그리고 그 이후를 말하고 있다. 하지만 이런 일이 언제 어떻게 일어날 것인가? 창조주 하나님께서 구약의 처소에서 신약의 영원한 처소로 옮기는 데는 얼마나 걸리는 걸까? 하나님은 다시 노숙자가 되는 걸까? 이사야 7장 14절의 메시아 예언이 마침내 완성되기까지 과도기를 겪으셔야 하는 걸까?

많은 세기가 지났지만 이 시나리오는 마침내 이사야가 예언했던 대로 펼쳐졌다. 누가복음 1장 35절은 성령 하나님께서 마리아라는 젊은 처녀를 둘러 덮으시고 마리아는 자신을 온전히 주님께 드림으로 온전히 하나님의 아들이 잉태된다. 이 하나님의 아들은 당시에 나사렛 예수로 알려졌지만 구약 성서에 나온 그분의 이름은 임마누엘이며 "하나님께서 우리와 함께 하신다"는 의미였다. 어쨌든 그분은 복음서가 보여 주는 대로, 하나님 영광의 광채이셨고 하나님의 형상을 그대로 보여 주셨다.

고린도전서 15장 45절에서 예수님은 '둘째 아담'으로 하나님의 빛나는 영광 빛을 구체화해주신 분이라고 했을 때 바울은 어쩌면 이런 얘기를 하고 있는지도 모른다. 창조주 하나님께서 인간 육체의 옷을 입으시고 다시 한 번 아담과 이브의 후손들 가운데 거하시는 셈이셨다.

마침내 거할 집

자, 이제 조금 애매한 부분을 다뤄 보도록 하자.

하나님께서(인간의 모양으로) 성장하셔서 사람들 가운데 걸어 다니실 때, 어떤 종교 지도자가 예수님께 어디에 거하시는지에 대해서 물었다. 예수님은 마태복음 8장 20절에서 돌연히 이렇게 답하셨다. "여우도 굴이 있고 공중의 새도 거처가 있으되 인자는 머리 둘 곳이 없다 하시더라" 그리고는 그 질문과는 전혀 상관없는 것처럼 보이는 말씀으로 마태복음 8장 22절에 "나를 따르라"고 하셨다.

주님은 무슨 말씀이실까? 하나님의 궁극적인 처소는 이제 그리스도 안에 있는 것이 아닌가? 그리스도의 영원한 처소는 이제 요한복음 10장 38절에 기록된 바와 같이 하나님 안에 있지 않았는가? 그리고 갑자기 "나를 따르라"는 것은 이 상황에서 무슨 말씀이실까? 예수님께서는 이 땅 위의 물리적인 위치로 우리를 부르고 계셨던 것일까 아니면 그 보다 더 위대한 어떤 것-예언자들과 천사들에게만 알려진 신비스럽고 알려지지 않은 곳-에 대해서 말씀하고 계셨던 것일까?

예수님의 제자들 대부분은 창조주 하나님께서 에덴동산과 수많은 성전으로부터 그들이 따르던 인자하신 하나님 안으로 그 거처를 옮기셨다고 이해한 것이 분명하다. 하지만 현실적으로 그 전환에 대해서 제자들은 다 이해할 수 없었다. (그 누가 상상했던 것보다도 결과는 훨씬 더 컸다). 구약의 선지자들이 말했던 것처럼, 하나님께서 스스로 모든 만물을 채우실 그 오래된 신비를 펼치시려는 것이었다. 아이러니는 하나님께서 이제 '둘째 아담' 안에 계시면서 이 땅 위에서 아직도 완전히 편하지 않으시다는 점이었다. 그분은 '둘째 이브'-믿는 자들의 집합체-안에 머리를 두실 수 있으실 때까지는 완전히 쉬실 수가 없으셨다.

　이런 일이 어떻게 어디서 일어나는 것일까? 전능하신 하나님은 에덴동산을 영적인 레벨로 어떻게 재창조하실 수 있으실까?

　구약 전체를 통해 예언된 대로, 이 계획이 성사되려면 하나님의 아들이 나무 제단 위에 최종 희생을 치러야만 했다. 믿을 수 없을 만한 일이지만, 인류의 죄를 위한 그리스도의 희생적 죽음은 하나님과 분리되는 저주를 마침내 끝냈으며 인류에게 새로운 생명을 시작하게 해 주었다. 창조주 하나님께 용서를 받고 다시 연결될 수 있는 기회가 열린 것이다.

　고린도전서 15장에서 바울은 이 진리를 잘 설명한다. 그는 아담의 죄로 말미암아 온 인류가 집을 잃어버렸다고 한다. 하지만 '둘째 아담'의 희생을 통해 우리는 다시 한 번 '하나님을 모실 수 있는' 드문 기회를 갖게 되었다. 바울은 그리스도께서 에덴의 문을 다시 열기 위해 오셨고, 우리를 하나님과의 영원한 교제 가운데로 인도하신다는 오래 감춰진 비밀을 명백히 밝히고 있다. 모든 인간은 '둘째 아담'의 희생을 통해 하나님으로 충만해질 수 있다는 가능성을 말이다(고전 15:22, 롬 5, 6).

놀라운 사실은 이 땅 위에서 거할 처소를 찾기 위한 하나님의 긴 여행은 끝이 났다는 것이다. '둘째 아담(그리스도)'이 십자가 위에서 잠이 드셨을 때, '둘째 이브(하나님의 교회)'의 창조가 일어나기 시작했다. 이브가 아담의 갈비뼈 상처에서 취해졌던 것처럼, 하나님의 교회도 예수님의 창에 찔린 옆구리에서 형성되었다. 예수님께서 이 땅 위에 마지막 숨을 내쉬었던 정확한 그 순간에 그리스도의 신비한 신부는 첫 숨을 들이마셨고, 그리스도의 거룩한 처소가 되기 위한 하늘의 임무를 감당하기 시작했다.

이제야 "나를 따르라"는 말씀이 이해가 간다. 하나님은 마침내 그분의 머리 두실 곳을 찾으셨고 오늘날 믿는 우리들은 그분의 이브가 되었다. '둘째 아담'과 함께 우리는 하나님의 쉬실 곳이 된 것이다. 우리는 창조주 하나님의 어마어마한 영광을 비추는 집이 되었다.

천국으로 가는 문

이 땅 위에 하나님의 집을 찾기 위한 그분의 여정을 왜 이렇게 복잡하게 설명했을까?

첫째로, 이 이야기의 중심에는 정체가 드러난 복음의 신비가 있다. 이 놀라운 이야기를 믿을 때 처음으로 아니 더 정확히 이야기해서 미래로 돌아가는(back to the future) 영적인 길이 열린다. 결국 그리스도께서 만드신 이 문으로 들어가면 하나님과 영원히 거할 수 있게 되고 하나님께서 우리 안에 거하실 수 있게 된다.

이것을 말로 어떻게 설명해야 할지 모르겠지만, 주님은 영적인 세계의 문을 열어 놓으셨다. 이 문을 통해 우리는 하나님의 영광으로 다가갈 수 있다. 이상하게 들릴지 모르겠지만, 내가 노스캐롤라이나에서 어떤 여인으로부터 들은 이야기가 가장 잘 설명하고 있다. 내가 컨퍼런스를 가는 길에 그녀가 이렇게 말했다. 그녀는 자신에게 '문'이 열리며(portalized), 초자연적인 세계와의 만남에 사로잡혔다고 했다.

그때 나는 속으로 문에 들어가는 것은 없다고 생각하며 그녀의 말을 의심스러워했다. 세상에 '문'이 열리며(portalized)란 단어도 없는 말이었다. 나의 회의주의적인 태도와 상관없이 그녀가 정말 놀라운 것을 경험했다는 것을 표정으로 알 수 있었다. 흥분으로 얼굴빛이 빛나고 어린 소녀와 같이 방방 뛰고 있었다. 가슴이 터질 것만 같은 느낌으로 그녀는 자기의 영적인 경험을 얘기했다.

자신이 초자연적인 세계와는 거의 상관이 없는 보수적인 교회에서 생활을 해 온 것에 대해 설명했다. 그러나 최근, 더 많은 영적인 현실을 찾아 나서기 시작했다. 모임에 가는 길에 하나님의 권능에 놀랍게 연결되었고 그녀가 설명하는 영적인 문이라는 것을 통해 들어갔다. 천국에서 뭔가 내려와서 자신의 삶을 터치했다는 것이었다.

"하나님의 영광 같은 것이 나를 문 같은 구름으로 잡아 올리는 것 같았어요." 그리고는 신이 나서 말했다. "그러더니 제가 문으로 들어가면서 내 주변의 모든 것이 돌기 시작했어요. 마치 거대한 회오리바람처럼요."

그녀의 말을 듣고 나서 그녀는 참 착한 사람 같지만 좀 이상하다는 생각이 들었다. 그러고 나서 집으로 운전해 오는 길에 요한이 요한계시록 4장 1-3절에서 문이 열리고 예수님과의 초자연적인 만남으로 부르는 음성을 들었다고 한 것이 생각났다.

"이 일 후에 내가 보니 하늘에 열린 문이 있는데 내가 들은 바 처음에 내게 말하던 나팔 소리 같은 그 음성이 이르되 이리로 올라오라 이 후에 마땅히 일어날 일들을 내가 네게 보이리라 하시더라 내가 곧 성령에 감동되었더니 보라 하늘에 보좌를 베풀었고 그 보좌 위에 앉으신 이가 있는데 앉으신 이의 모양이 벽옥과 홍보석 같고 또 무지개가 있어 보좌에 둘렸는데 그 모양이 녹보석 같더라"

그리고 야곱 또한 하늘의 문이 열리고 그로 말미암아 그의 생애가 크게 영향을 받는 사건이 생각났다. 창세기 28장 12-16절은 꿈에서 하늘이 열리고 사다리가 천국에서 땅까지 이어지며, 천사가 오르락내리락 했다고 했다. 그런 후 그 문 꼭대기에서 주님은 야곱에게 그의 목적과 운명에 대해서 말씀해 주셨다. 야곱이 잠에서 깼을 때 그는 놀라워하며 이렇게 말했다.

"꿈에 본즉 사닥다리가 땅 위에 서 있는데 그 꼭대기가 하늘에 닿았고 또 본즉 하나님의 사자들이 그 위에서 오르락내리락 하고 또 본즉 여호와께서 그 위에 서서 이르시되 나는 여호와니 너의 조부 아브라함의 하나님이요 이삭의 하나님이라 네가 누워 있는 땅을 내가 너와 네 자손에게 주리니 네 자손이 땅의 티끌 같이 되어 네가 서쪽과 동쪽과 북쪽과 남쪽으로 퍼져 나갈지며 땅의 모든 족속이 너와 네 자손으로 말미암아 복을 받으리라"

이때 나는 오늘날 자신의 진정한 존재의 목적을 탐색하는 우리의 여정 가운데 영적인 경험이 얼마나 중요한지를 깨달았다. 물론 이것을 항상 잘 설명할 수 있는 것은 아니지만 말이다. 물론 하나님 중심이 아닌 영적인 현상을 얘기하는 것이 아니다. 또한 성경에서 이야기하는 "경건함의 신비"를 지나치게 단순화시키고 싶지도 않다. 하지만 야곱, 요한, 노스캐롤라이나의 여인처럼, 우리도 하나님을 우리 마음에 환영하고 하나님을 모실 수 있는 특권을 누릴 수 있다고 믿는다.

역사 가운데 그 어떤 때보다도 더욱 창조주 하나님과 연결될 수 있는 기회의 창문이 바로 지금 우리에게 열려 있다. 더욱 더 강하게 하나님께서는 이 영적인 문을 드나드시며, 하나님의 피조물과 하나 되고자 하신다. 우리가 계속해서 천국의 문을 두드리면 언젠가 하나님은 오셔서 영원히 머무르실 것이다. 우리가 죽고 나서 천국에 사는 것을 이야기하는 것이 아니라, 하나님께서 바로 이 시간 우리 안에 사시는 것을 이야기하는 것이다.

자, 이것이 땅 위의 천국이다!

고찰

하나님은 우리 인간으로 말미암아 조금도 놀라지 않으신다는 말 외에는 하나님께서 인간 안에 사시는 것에 대한 끝나지 않는 얘기를 끝내는 것보다 더 적절한 방법은 없다. 성경에서 '옛적부터 항상 계신 이'로 묘사하는 이 거룩한 하나님은 살과 피의 성전 안에 사시는 것이 편하신 것 같다. 모든 인간 안에 하나님이 사신다는 이야기가 아니라, 하나님을 받아들이고 하나님 임재의 특권을 누리고자 하는 자들 안에 계신다는 말이다.

하지만 본서를 통해 내가 주장했듯이, 많은 사람들은 자기의 인생이 보통 이상이라는 사실을 모르고 있다. 그들은 하나님의 존재를 증명하게 될 기적들을 만들어 내기 위해 고투한다. 우리 눈앞에 있는 가장 큰 기적은 하나님의 형상으로 만들어진 사람들인데 말이다. 이 사실을 기억하면서 나는 종종 사람들의 눈을 깊이 쳐다본다. 그들의 영혼 가운데 있는 창조주 하나님의 모습을 찾기 위해서이다. 나는 우주가 창조된 그때 이후로 인간의 마음속에 숨겨진 하나님 임재의 신비를 보고 싶다.

> 인류는 파란만장한 영적 여행에 올랐고 이 여행 끝에 우리는 영원한 처소에 다다르게 될 것이다.

어쩌면 하나님의 영원한 시계와 맞지 않는 조급함이 내 안에 있는지도 모르겠다. 확실하지는 않지만 인류는 파란만장한 영적 여행에 올랐고 이 여행 끝에 우리는 영원한 처소에 다다르게 될 것이다. 더욱 놀라운 것은 에덴동산에서 아담과 이브가 타락함으로써 끊어진 창조주 하나님과의 친밀한 관계가 회복될 가능성이 있다는 것이다.

이러한 것들을 생각하면서, 나의 어린 시절, 밖으로 나가 먼 하늘의 찬란한 은하수를 바라보았던 것처럼 나는 밖으로 나간다. 그것들은 내가 어린 시절 상상할 수만 있었던 하나님 안의 장소로 들어오라고 내게 계속 손짓했다. 지금 다른 것은 내가 지금은 더 이상 어딘가로 가기 위해 더 이상 찾지 않는다는 점이다. 오히려 나는 이제 창조주 하나님께, 내려오셔서 그분의 처소를 위해 창조하신 몸의 집에 크게 사시라고 여쭌다.

이때가 지나면 우리 삶은 영원히 변할 것이다. 영원이 우리 영혼을 채우게 될 때, 우리는 믿을 수 없는 운명의 출발점에 도달하고 바로 그 천국의 공기로 숨 쉬게 될 것이다. 시간이 지나면 우리는 우리가 숨을 쉰 숫자로 우리 인생이 측정되는 것이 아니라 놀라서 숨을 쉴 수 없었던 순간들로 이루어진다는 것을 깨닫게 될 것이다.

"사람이 무엇이기에 주께서 그를 생각하시며 인자가 무엇이기에 주께서 그를 돌아보시나이까 그를 하나님보다 조금 못하게 하시고 영화와 존귀로 관을 씌우셨나이다"(시8:4-5).

Original Breath